1
buongiorno!

Arbeitsbuch

von
Gudrun Bogdanski und Theo Stoltenberg

in Zusammenarbeit mit
Angelo Coluccini, Teresa di Fonzo-Weil und Klaus Schachtsiek

unter Leitung und Mitwirkung
der Verlagsredaktion Weiterbildung Fremdsprachen

Ernst Klett Verlag für Wissen und Bildung
Stuttgart · Dresden

Buongiorno 1 – Arbeitsbuch

von
Gudrun Bogdanski, Studiendirektorin, Münster
Theo Stoltenberg, Studiendirektor, Dortmund

in Zusammenarbeit mit
Angelo Coluccini, Kursleiter am ASG-Bildungsforum Düsseldorf
Teresa di Fonzo-Weil, hauptamtlich pädagogische Mitarbeiterin
an der Volkshochschule Hamburg
Klaus Schachtsiek M. A., Düsseldorf

unter Leitung und Mitwirkung
der Verlagsredaktion Weiterbildung Sprachen;
Leiter: Wolfgang H. Kaul M. A.;
Mitarbeit an diesem Werk: Dr. Barbara Huter, Dott. Giovanna Mungai-Maier,
Verlagsredakteurinnen

Zeichnungen:
Herbert Horn, München

Gedruckt auf Papier, das aus chlorfrei gebleichtem Zellstoff hergestellt wurde.

1. Auflage 1 21 20 19 18 17 | 1999 98 97 96 95

Alle Drucke dieser Auflage können im Unterricht nebeneinander benutzt werden, sie sind untereinander unverändert.
Die letzte Zahl bezeichnet das Jahr dieses Druckes.

Umschlag: Sergio Salaroli, Rom.
Druck: KLETT DRUCK, H. S. GmbH, Korb. Printed in Germany.
ISBN 3-12-560450-8

Hinweise für die Benutzer

Das Arbeitsbuch zu Buongiorno 1 ist in erster Linie für die Arbeit zu Hause gedacht. Deshalb werden alle Übungen auf deutsch erklärt.
Das Arbeitsbuch dient zur Festigung und Vertiefung der in der Kursstunde eingeführten Redemittel und Strukturen. Es kann daher auch im Unterricht eingesetzt werden, wenn der Kursleiter es für notwendig hält.

Im Inhaltsverzeichnis wird für jede Übung das Lernziel genannt, so daß sowohl Kursteilnehmer als auch Kursleiter gezielt die eine oder andere Übung je nach Bedarf bearbeiten bzw. einsetzen können. Bei jeder Übung wird außerdem der Lernschritt des Lehrbuches angegeben, auf den sie sich bezieht,

z.B. A_1 bedeutet: Diese Übung kann bearbeitet werden, sobald im Unterricht der Lernschritt A1 durchgenommen ist.

A_1 ↓ A_3 bedeutet: Diese Übung kann erst nach Durchnahme der Lernschritte A1, A2 und A3 bearbeitet werden. Hier wird Stoff aus diesen drei Schritten geübt.

Bei der Arbeit mit dem Lehrbuch stehen das Sprechen und Hörverstehen im Vordergrund. Mit dem Arbeitsbuch hingegen werden verstärkt das Schreiben und das Leseverstehen geübt. Alle Übungen sind schriftlich durchzuführen. Darüber hinaus prüfen Kontrollaufgaben das Global- und Detailverständnis informativer Lesetexte.

Zusätzliche Fotoseiten zu den Lektionsthemen erweitern die landeskundlichen Kenntnisse. Sie sind durch Fragen und Aufgaben (im Anhang) aufbereitet und bieten vielerlei Anregungen für Gespräche. Es empfiehlt sich daher, diesen Übungsteil im Unterricht zu bearbeiten.

Inhalt

A3 1 CITTÀ D'EUROPA*

Tragen Sie die Städtenamen ein. Die markierten Kästchen ergeben, von oben nach unten gelesen, das Lösungswort.

1. Città in Svizzera
2. in Germania
3. in Francia
4. in Germania
5. in Austria
6. in Italia
7. ?

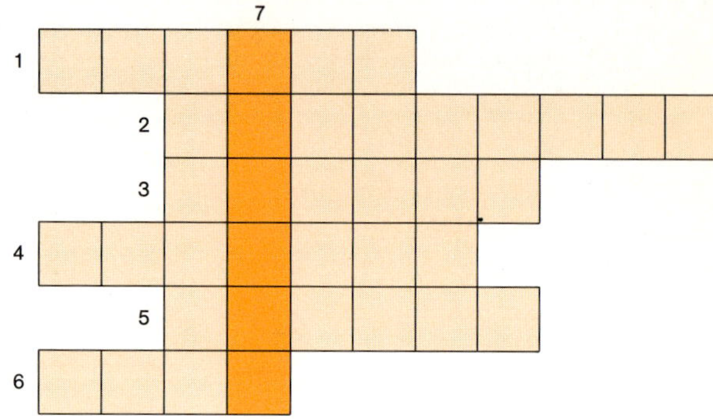

* europäische Städte

A3 2 DOV'È CARLOS?

Beantworten Sie die Fragen mit Hilfe der Karte.

1. Dov'è Carlos? È in Spagna, a Lugo.
2. Dov'è Zug? ______
3. Dove abita Jacqueline? ______
4. E Gertrud? ______
5. Dov'è Celle? ______
6. Dov'è Angelo? ______
7. Dov'è Jutta? ______
8. Dov'è Klagenfurt? ______

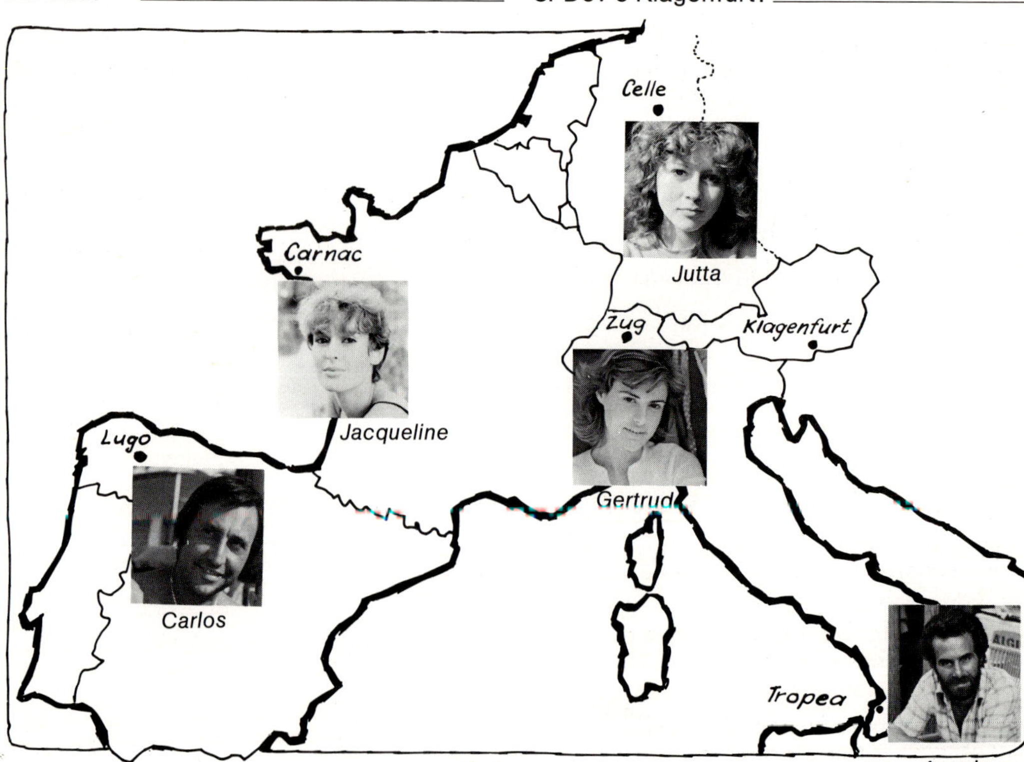

A5 3 AL CAMPEGGIO

Auf einem Campingplatz in Italien treffen Sie auf einen internationalen Personenkreis.

1. Jacqueline Dupré
2. Angelo Fantozzi
3. Jutta Wegemann
4. Gertrud Stähli
5. Carlos Fuente
6. Fred Smith

D	F	I	GB	CH	E
Amburgo	Carnac	Savona	Oxford	Zug	Madrid

Die Leute stellen sich nacheinander vor. Übernehmen Sie die einzelnen Rollen (nach dem folgenden Beispiel) und stellen Sie sich zum Schluß selbst vor.

1. Mi chiamo Jacqueline, sono francese, di Carnac.
2. ____________________
3. ____________________
4. ____________________
5. ____________________
6. ____________________
7. ____________________

A5 4 BUONGIORNO! ABITA QUI . . . ?

Der Briefträger klingelt. Eine Frau macht auf.
Lesen Sie den Dialog und kreuzen Sie in nebenstehender Tabelle an, was jeweils anstelle des Fragezeichens zu stehen hat.

	il	la	l'	kein Art.
1. ~ Buongiorno, ? signora.	□	□	□	□
2. ≈ Buongiorno.				
3. ~ Abita qui ? signor Frank?	□	□	□	□
4. ≈ Sì.				
5. ~ Anche ? signorina Hügli, vero?	□	□	□	□
6. ≈ Sì.				
7. ~ E di dov'è?				
8. ≈ Chi? ? signorina Hügli o	□	□	□	□
? signor Frank?	□	□	□	□
9. ~ ? signorina Hügli.	□	□	□	□
10. ≈ È svizzera e ? signor Frank è tedesco.	□	□	□	□
11. ~ E Lei, ? signora, di dov'è Lei?	□	□	□	□
12. ≈ Sono spagnola, di Madrid, ma adesso abito a Barcellona.				
13. ~ È qui in vacanza?				
14. ≈ Sì, ma anche per imparare ? italiano.	□	□	□	□
15. ~ E come si chiama, scusi?				
16. ≈ Molina, Carmen Molina.				
17. ~ Carmen Molina? Allora questo è per Lei!				
Arrivederci, ? signora Molina.	□	□	□	□

A5 5 ANGELO È ITALIANO, VERO?

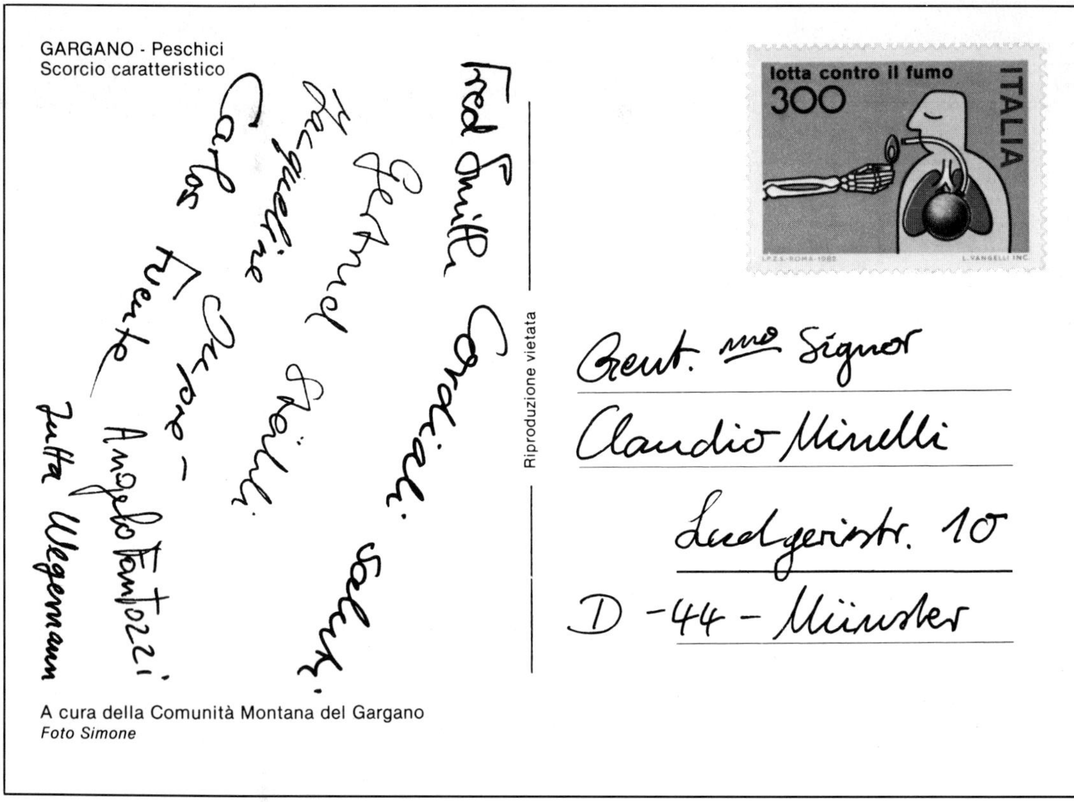

Sie haben Ihrem Italienischlehrer aus Italien eine Karte geschickt, auf der auch Ihre neuen Freunde unterschrieben haben. Nach Ihrer Rückkehr fragt er Sie, um wen es sich im einzelnen handelt. Beantworten Sie seine Fragen.

1. Angelo è italiano, vero? ~ ______________________
2. Di dove? ~ ______________________
3. E Carlos? ~ ______________________
4. Jutta è tedesca? ~ ______________________
5. Anche Gertrud? ~ ______________________
6. E Jacqueline, di dov'è? ~ ______________________

A5 6 COME MAI FRANCO È A MONACO?

Ergänzen Sie die Sätze mit Hilfe der Bilder.

Monaco

Parigi

Oxford

Napoli

Franco

Gertrud

Jacqueline

Fred

1. Franco è a Monaco per imparare ____________________
2. Gertrud ____________________
3. Jacqueline ____________________
4. Fred ____________________

B 7 IN CITTÀ

Sie treffen einen Italiener in Ihrer Stadt. Stellen Sie passende Fragen zu den vorgegebenen Antworten des Italieners.

1. ____________________? – Sì, sono italiano.
2. ____________________? – Franco Tozzi.
3. ____________________? – Di Napoli.
4. ____________________? – Abito a Roma.
5. ____________________? – Sono qui per imparare il tedesco.
6. ____________________? – In Italia lavoro in banca.

B 8 IN TRENO

Gerd, ein Student aus München, ist auf der Fahrt nach Florenz, um dort seine italienischen Sprachkenntnisse zu verbessern. Er betritt ein Abteil, in dem noch ein Platz frei ist, und spricht dort einen Italiener an. Antonio ist aus Rom, Bankangestellter, Nichtraucher.

Ergänzen Sie das Gespräch.

Gerd: ______________________________?

Antonio: Sì, è libero. Sei straniero?

Gerd: ______________________________.

Antonio: Di dove sei?

Gerd: ______________________________.

Antonio: Come ti chiami?

Gerd: ______________. E tu?

Antonio: ______________. Che cosa fai in Italia?

Gerd: ______________________________.

E tu, che cosa fai?

Antonio: ______________________________.

Gerd: Fumi?

Antonio: ______________________________.

Gerd: Questa è Firenze?

Antonio: ______________. Ciao, Gerd.

Gerd: ______________.

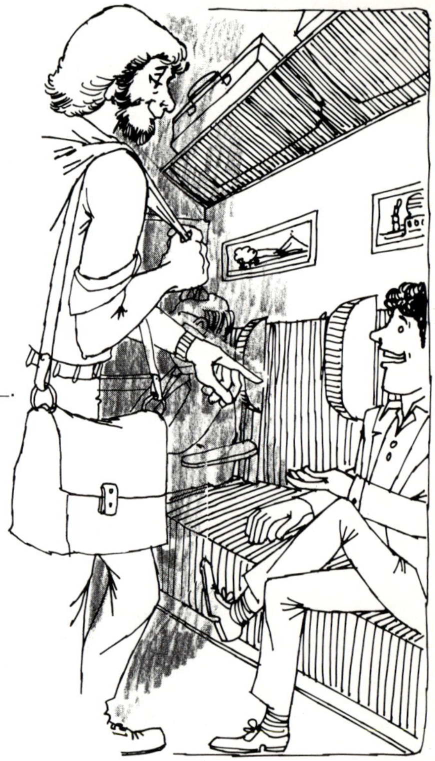

B 9 VERBI

a) *Im Kasten sind außer „sono" noch weitere 9 Verbformen versteckt. Sie sind von links nach rechts, von oben nach unten und von unten nach oben geschrieben.*

S	C	S	T	A	O	N	A
E	G	R	S	O	N	O	B
I	L	A	V	O	R	O	I
A	A	B	T	U	L	A	T
M	Z	I	M	P	A	R	A
U	S	T	U	D	I	A	I
F	O	O	N	I	F	A	I

sono
____
____
____
____
____
____
____
____
____

Die übrigbleibenden Buchstaben ergeben, von links nach rechts und von oben nach unten gelesen, das Lösungswort; es ist ein Glückwunsch an Sie: ______________

b) *Vervollständigen Sie mit den gefundenen Verbformen die Sätze.*

1. Che cosa ____________ qui? – **Sono** qui per lavoro.
2. Come ____________, signora?
3. Franco ____________ biologia, io ____________ in banca.
4. Di dove ____________? – Di Bari, ma ____________ a Roma.
5. Ingrid ____________ l'italiano.
6. Antonella ____________ a Verona.
7. ____________ anche Marco? – No.

B 10 CHE COSA DITE?

1. Sie begegnen Ihrem Freund Carlo. Wie begrüßen Sie ihn?

   ____

2. Sie betreten ein Geschäft. Was sagen Sie?

   ____

3. Mit welchem Gruß verlassen Sie das Geschäft?

   ____

4. Ein Italiener bietet Ihnen eine Zigarette an. Was sagen Sie?

   ____

5. Sie lernen einen Italiener kennen. Er sagt seinen Namen, aber Sie verstehen ihn nicht. Was sagen Sie?

   ____

6. Sie nehmen ein Telefongespräch aus Italien an. Wie beginnen Sie das Gespräch?

   ____

7. In einem Zug in Italien werden Sie gefragt, ob der Platz neben Ihnen frei ist. Dies ist der Fall. Was sagen Sie?

   ____

A1 → A2 1 AL BAR

Herr Rossi ist mit Frau, Tochter und einem deutschen Kollegen in einer Bar. Ergänzen Sie.

~ Signor Bauer, che cosa ____________________? (prendere)

≈ ______________________________ (prendere)

~ Tu, Laura, ____________________? (prendere)

≈ ______________________________ (prendere)

~ E tu, Luisa, ____________________?

≋ ______________________________ (preferire)

~ Anch'io ____________________ (prendere)

Allora, il signor Bauer ______________ (prendere)

____________________, Laura ____________________ e noi

____________________ (prendere) ______________.

A3 → A4 2 NUMERI

Schreiben Sie die Zahlen aus. Die richtige Lösung ergibt ein Kompliment für Sie:
a) für eine Dame, b) für einen Herrn.

a)

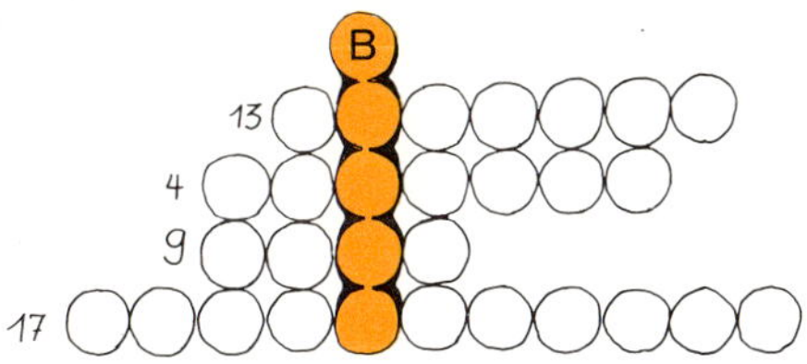

b)

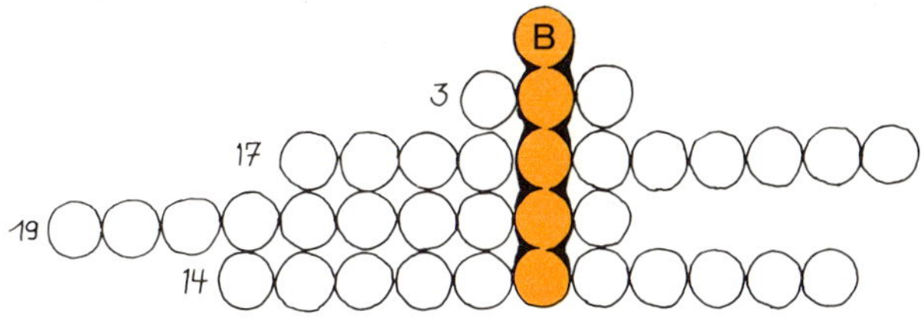

Wenn Sie die Zahlen richtig eintragen, erhalten Sie bei c) die italienische Währungseinheit, bei d) das italienische Wort für Geld.

c)

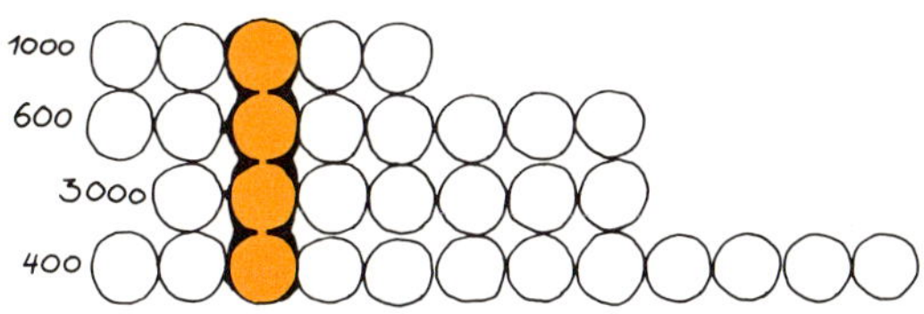

d)

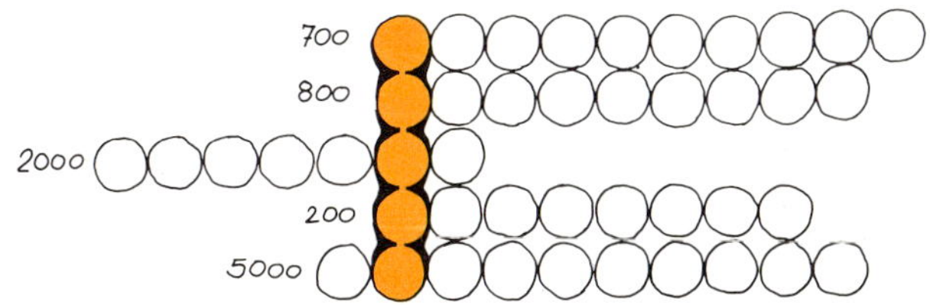

A1 → A5 3 ANDIAMO IN QUESTO BAR?

Sie treffen einen Bekannten, den Sie seit längerem nicht gesehen haben. Er lädt Sie in ein Café ein. Kreuzen Sie jeweils die angemessene Antwort auf seine Fragen an.

1. Andiamo in questo bar?
   - a) Sì. ☐
   - b) No, grazie. ☐
   - c) Ho sete. ☐

2. Prendiamo un caffè?
   - a) No. ☐
   - b) Sì, volentieri. ☐
   - c) Anch'io. ☐

3. Prende anche una pasta?
   - a) Bene, subito. ☐
   - b) No, preferisco una birra. ☐
   - c) No, grazie. ☐

4. Dove abita adesso?
   - a) A Göppingen. ☐
   - b) Di Stoccarda. ☐
   - c) Sono qui per lavoro. ☐

A5 4 AL CAFFÈ

Sie sind mit vier Freunden in einem Café und bestellen für alle. Ordnen Sie die Sätze so, daß ein Dialog zwischen Ihnen und dem Kellner entsteht.

- Un momento, vorrei anche mangiare qualcosa.
- Cameriere! Una birra, un tè, una coca cola e due caffè.
- Un panino va bene.
- No, un tè e due caffè!
- Allora, una birra, una coca cola, due tè e un caffè.
- Un toast, un panino?
- Ah sì, un tè e due caffè.

Lei: ______________________

____

____

____

____

Il cameriere: ______________________

____

____

____

____

A1 → A5 5 CRUCIVERBA ILLUSTRATO *

Die markierten Kästchen ergeben, von oben nach unten gelesen, den Namen eines berühmten italienischen Wermuts.

* Bilderrätsel

A6 6 CHE COSA PREFERISCE?

Tragen Sie in die Fragen die Formen von „preferire” *und den unbestimmten Artikel ein, und ergänzen Sie die Antworten.*

1. ~ Che cosa ______________________________, Luigi? __________ tè o

   ____________ caffè?

   ≈ ____________ caffè.

2. ~ Signor Pugi, che cosa __________________________, __________ cognac o

   ____________ whisky?

   ≈ ____________ whisky, grazie.

3. ~ Franco, ____________________________________ ____________ spremuta o

   ____________ aranciata?

   ≈ ____________ spremuta.

4. ~ Signora, ____________________________________ ____________ amaro o

   ____________ martini?

   ≈ ____________ amaro, grazie.

A5 7 DOVE PREFERISCI ANDARE?

Ergänzen Sie mit „preferire" und den fehlenden Präpositionen.

~ Stefano, ______________________ andare in vacanza __________

____

o ________ ________________ ?

≈ Io ______________________ andare

__________ __________

~ E Anna?

≈ Anna ______________________ andare

__________ ________________

~ Noi invece* ______________________ andare

__________ ________________

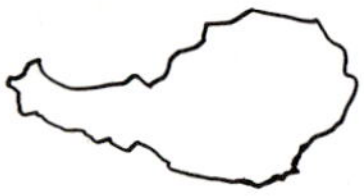

* hingegen

A1 → B 8 GRUPPI DI PAROLE*

In den folgenden Wortgruppen findet sich immer ein Wort oder Ausdruck, das/der nicht zu den anderen paßt. Schreiben Sie die betreffenden Wörter und Wendungen in die Leerzeilen.

1. Tè / spremuta / cioccolata / pasta ______________________
2. Va bene. / D'accordo. / Sì, volentieri. / Un momento! ______________________
3. Signora! / Cameriere! / Paolo! / Piacere! ______________________
4. Toast / panino / pizza / ghiaccio ______________________
5. Buonasera / ciao / arrivederci / allora ______________________

* Wortgruppen

B 9 CHE COSA DICONO?

1.

2.

3.

4.

5.

Gelateria Gailli
1

BAR S. AMBROGIO
Segafredo
MARTINI RACING
CAMPIONE DEL MONDO RALLI
2

CAFFÈ CONCERTO
PASZKOWSKI
PRINZ BRÄU
Prinz Bräu
3

A1 → A2

1 SEGNI CONVENZIONALI*

In italienischen Hotelführern finden sich folgende Symbole. Erklären Sie sie auf italienisch:

____

____

____

____

____

____

* *Symbole, Piktogramme*

A1 → A3

2 VERO O FALSO?

Albergo
La Barcarola
Categoria II Camera No. 9 Letti 2

	Camera	Pensione
Anno 1984		
LIRE	40.000	54.000

Prezzo tutto incluso

	V	F
1. Questo non è un albergo di lusso.	☐	☐
2. Ha una sala da pranzo.	☐	☐
3. La camera è per una persona.	☐	☐
4. La camera costa 40.000 lire a persona.	☐	☐
5. Nel prezzo non è incluso il riscaldamento.	☐	☐

A1 ↓ A3

3 A VERONA

Sie gehen in Verona in ein Hotel und fragen nach einem Doppelzimmer für 4 Tage (für sich und Ihre Freundin, die etwas später ankommt). Ergänzen Sie den Dialog.

~ Buongiorno!

≈ ____

~ Va bene anche una camera matrimoniale?

≈ ____________________

~ Con bagno o senza?

≈ ______________________________?

~ Con bagno costa 40.000 lire al giorno.

≈ ____________________

~ Ha un documento, per favore?

≈ ____________________

~ Grazie.

A1 ↓ A4

4 TROVATE LA CITTÀ.

Cat Class Kat	Località - Localités - Places - Localidades - Orte Hôtels - Pensioni - Pensions				
		Min-Max	Min-Max	Min-Max	Min-Max
	B = bagno D = doccia		 		 
II	PINOLO [17–34] B 2, D 15 ☎ 9272747	– –	27.000–30.000	– –	39.500–43.500
III	BALESTRIERI [19–36] B 2, D 17 ☎ 9273747	– –	20.000	23.000	30.000
III	DELLA ROCCA [14–23] B 2, D 9 ☎ 9273286 (Località Monte Ingino)	15.000	– –	25.000	30.000

Zu welchem der obigen Hotels passen diese Angaben?

Ⓑ Non ha camere a due letti senza bagno o doccia.
Ⓖ Ha diciassette camere con doccia.
Ⓘ Non ha camere a un letto con bagno o doccia.
Ⓤ Una camera a due letti senza bagno costa ventitremila lire.
Ⓑ Il numero di telefono è novecentoventisette-ventisette-quarantasette.
Ⓞ Una camera singola senza bagno costa quindicimila lire.

Ordnen Sie die Angaben den Hotels zu und schreiben Sie die Kennbuchstaben in die Kästchen. Die Buchstaben ergeben, im Zusammenhang gelesen, den Namen der Stadt, in der sich die Hotels befinden.

Albergo BALESTRIERI ☐ ☐ Albergo PINOLO ☐ ☐ Albergo DELLA ROCCA ☐ ☐

A4 5 NUMERI

Schreiben Sie die unten angegebenen Zahlen in Buchstaben in die Kästchen.

Orizzontale →
2. 100
4. 13
5. 11
8. 20
9. 14
11. 60
12. 71
13. 30
14. 16

Verticale ↓
1. 17
2. 50
3. 19
6. 12
7. 82
8. 28
10. 80

A5 6 PREPOSIZIONI

Schreiben Sie die fehlenden Präpositionen in die Sätze.

1. Di dov'è il marito ____________ signora Bassani?
2. Purtroppo non ho il numero ____________ albergo.
3. La signora Kurten è in vacanza ____________ mare.
4. Perché non andiamo ____________ hotel Cristallo?
5. Dov'è il passaporto ____________ signor Sturm?
6. Stasera mangiamo ____________ casa.

A2 → A5 7 GLI AMICI DI FRANCO

a) *In einem Lokal lernt Franco einige Leute kennen. Er erkundigt sich nach ihrer Herkunft. Ergänzen Sie die Minidialoge mit den passenden Formen von „essere".*

– Sergio, di dove ____________ ? – ____________ di Roma.

– E voi, di dove ____________? – Carlo ed io

____________ di Bologna,

Pietro invece ____________ di Modena.

b) *Franco hat seine neuen Freunde zu sich eingeladen. Ergänzen Sie mit den passenden Formen von „avere".*

Come mai Pietro non ____________ sete?

A5 8 UNA CARTOLINA

Ergänzen Sie den Brief und achten Sie dabei auf die richtige Form der Adjektive.

Caro Sergio,

____________ è una città molto ____________ (bello)

Anche ____________ dove abito è ____________ (bello)

e non è ____________ (caro). È in un posto ____________, (tranquillo)

(ideale) ____________ per una vacanza.

Mi piace stare qui!

Ciao Elisabetta

REBUS

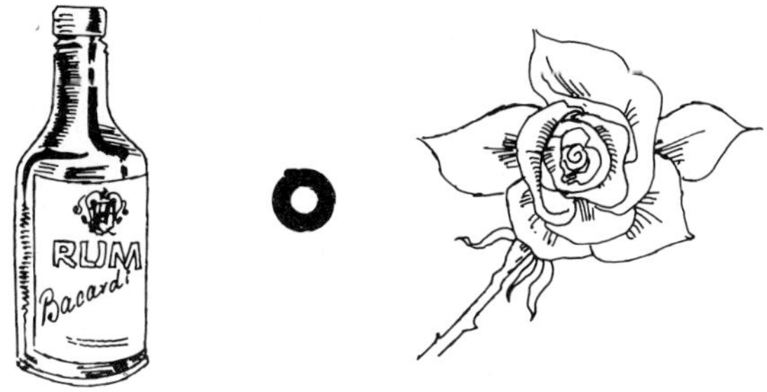

Eine solche „pensione" *ist der Graus eines jeden Touristen.*

B 9 GIULIA E PAOLO

a) *Vervollständigen Sie den Dialog mit den fehlenden Präpositionen.*

G: Hai tu la chiave ______________ camera?

P: Sì, un momento . . . Ecco.

G: Finalmente[1]! Adesso una bella doccia, e poi[2] andiamo

a mangiare.

P: Andiamo _________ ristorante qui vicino?

G: No, stasera no. Stasera andiamo _________

hotel Cervino.

P: _________ hotel Cervino? E dov'è?

G: È in centro, vicino _________ chiesa.

È famoso[3] per la cucina.

P: Ah sì? Bene, allora. Per andare prendiamo un taxi?

G: Certo.

P: Senti, mentre[4] tu sei in bagno, io telefono

_________ Milano.

G: Il telefono _________ albergo però non funziona.

P: Ah, è vero. Allora vado[5] _________ bar Gianni. Torno subito.

[1] endlich [2] dann [3] berühmt, bekannt
[4] während, solange [5] gehe ich

b) *Vero o falso?*

	V	F
1. Giulia è in un albergo.	☐	☐
2. Desidera mangiare subito qualcosa.	☐	☐
3. L'hotel Cervino è vicino all'albergo di Giulia e Paolo.	☐	☐
4. L'albergo non ha il telefono.	☐	☐
5. Paolo desidera andare al bar perché ha sete.	☐	☐

B 10 UN APPARTAMENTO

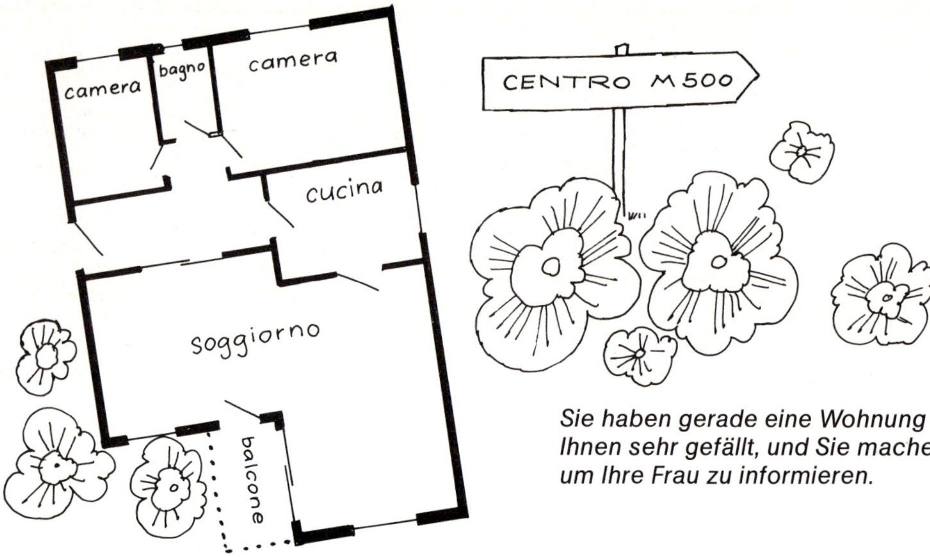

Sie haben gerade eine Wohnung besichtigt, die Ihnen sehr gefällt, und Sie machen sich Notizen, um Ihre Frau zu informieren.

Ergänzen Sie mit: grande, piccolo, vicino a, tranquillo.

L'appartamento ha una camera ______________, una camera ______________

e un ______________ soggiorno con balcone. La cucina è

abbastanza ______________, il bagno invece* è ______________. L'appartamento è

______________ centro, il posto però è ______________.

* dagegen

B 11 UNA PRENOTAZIONE[1]

Pensione Villa Fiorita
Via Ceccarini 23
I-47037 Rimini

Gentili Signori[2],

vorrei prenotare una camera doppia con bagno dal 15 al 31 luglio, con mezza[3] pensione. Quanto costa al giorno a persona?

In attesa della Vostra risposta[4]

Cordiali Saluti

[1] Reservierung [2] sehr geehrte Herren [3] halb [4] In Erwartung Ihrer Antwort

Schreiben Sie jetzt einen Brief mit folgenden Angaben:
Doppelzimmer mit Bad und einem kleinen Bett für ein Kind.
Vollpension (pensione completa) *vom 10. bis 30. Juni.*
Preis pro Tag und Person?

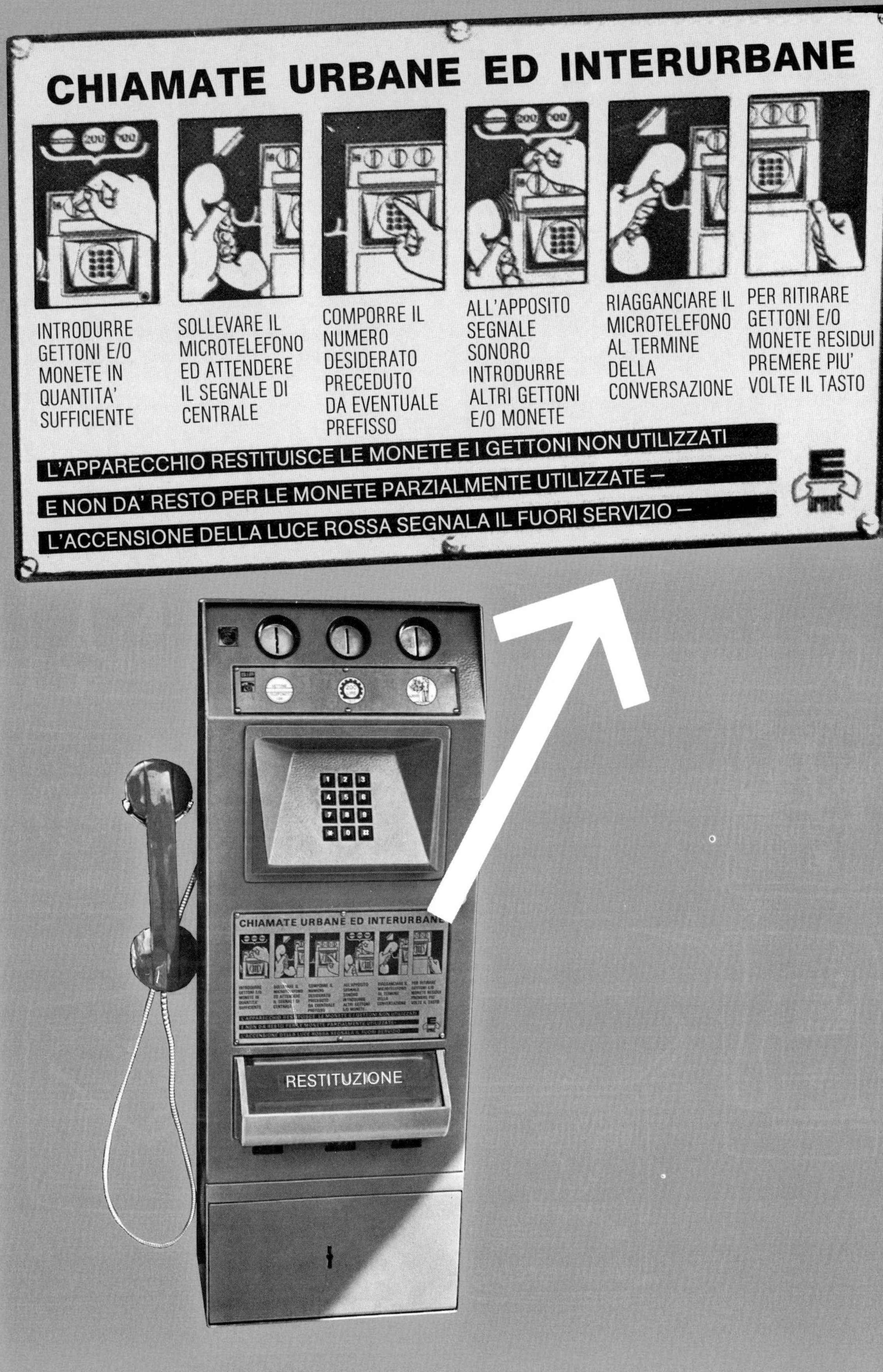
CHIAMATE URBANE ED INTERURBANE
INTRODURRE GETTONI E/O MONETE IN QUANTITA' SUFFICIENTE
SOLLEVARE IL MICROTELEFONO ED ATTENDERE IL SEGNALE DI CENTRALE
COMPORRE IL NUMERO DESIDERATO PRECEDUTO DA EVENTUALE PREFISSO
ALL'APPOSITO SEGNALE SONORO INTRODURRE ALTRI GETTONI E/O MONETE
RIAGGANCIARE IL MICROTELEFONO AL TERMINE DELLA CONVERSAZIONE
PER RITIRARE GETTONI E/O MONETE RESIDUI PREMERE PIU' VOLTE IL TASTO
L'APPARECCHIO RESTITUISCE LE MONETE E I GETTONI NON UTILIZZATI
E NON DA' RESTO PER LE MONETE PARZIALMENTE UTILIZZATE –
L'ACCENSIONE DELLA LUCE ROSSA SEGNALA IL FUORI SERVIZIO –
CHIAMATE URBANE ED INTERURBANE
RESTITUZIONE

A1 1 CRUCIVERBA ILLUSTRATO

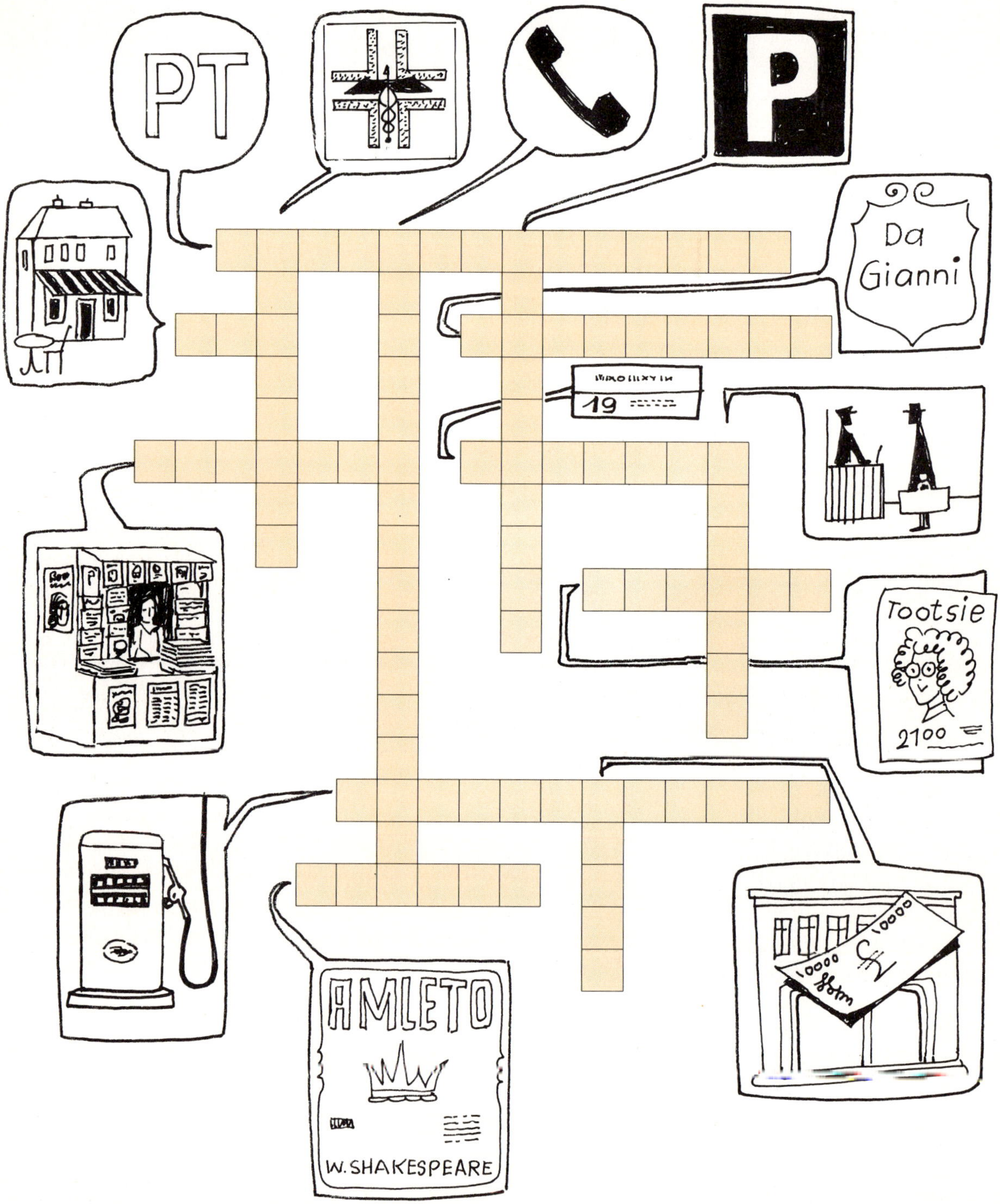

A1 ↓ A3

2 ROMPICAPO*

Wenn Sie folgende Angaben mit dem Plan kombinieren, können Sie die untenstehenden Aufgaben lösen.

- In via Cremona c'è un ristorante.
- La terza strada a destra è via Cremona.
- La seconda strada a sinistra è via Mantova.
- Di fronte alla chiesa di San Francesco c'è il cinema Lux.
- Il numero 2 è una chiesa.
- La fermata dell'autobus è in via Verdi, la seconda strada a destra.
- Il numero 5 non è il teatro Manzoni.
- In via Vico c'è l'ufficio postale.

* Denksportaufgabe

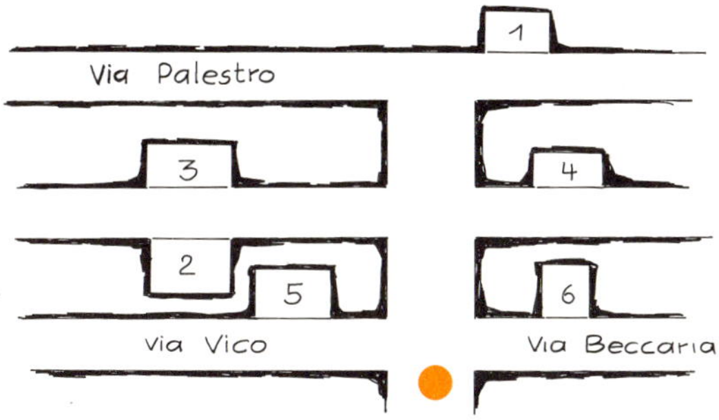

1. Il ristorante è il numero ____________
2. Il numero due è in via ____________
3. Il cinema è il numero ____________
4. La fermata è il numero ____________
5. L'ufficio postale è il numero ____________
6. Il teatro Manzoni è in via ____________

A1 ↓ A3

3 DOV'È LA FERMATA DELL'AUTOBUS?

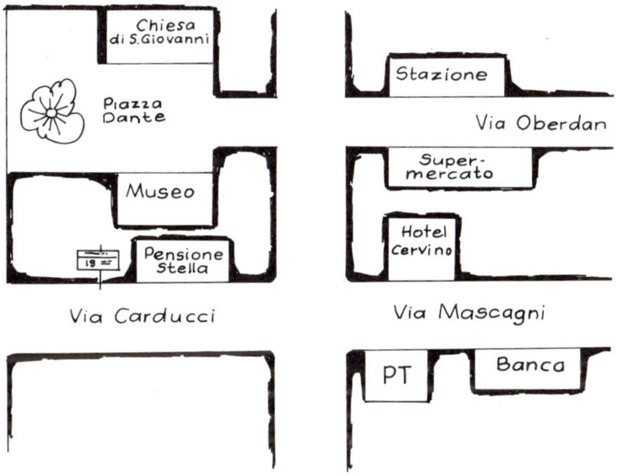

1. Scusi, dov'è la fermata dell'autobus?

   È in ____________, accanto ____________

2. Scusi, dov'è il museo?

   ____

3. Scusi, dov'è il supermercato?

   ____

4. Scusi, dov'è la banca?

   ____

5. Scusi, dov'è l'hotel Cervino?

   ____

A4 4 OGGI VADO AL MUSEO.

Sie sind z. Z. in Italien und wohnen mit Jane, einer Amerikanerin, zusammen, mit der Sie einen Sprachkurs besuchen. Heute haben Sie etwas Besonderes vor und hinterlassen Jane eine Nachricht. Allerdings fühlen Sie sich beim Gebrauch der Präpositionen noch unsicher und haben überall dort, wo Sie Zweifel hatten, ein Fragezeichen gesetzt. Lesen Sie nun den Brief nochmals durch und entscheiden Sie, ob Sie das Fragezeichen einfach streichen oder eine Präposition einsetzen.

Cara Jane,
oggi non ho voglia ? venire al corso. Preferisco andare ? vedere il museo etrusco. Vorrei ? andare a piedi, perché ho voglia ? camminare un po'. E poi mi piace ? stare fuori, in mezzo alla gente*.
Adesso devo ? andare perché è abbastanza lontano e stasera desidero ? andare anche al cinema.
Hai voglia ? venire? A stasera. Karin

* unter Leuten

A5 5 DOVE ABITA ANGELA?

Angela torna dal lavoro. Adesso è di fronte alla stazione. Per andare a casa prende la prima strada a destra, continua dritto fino alla piazza, poi gira a sinistra e poi ancora a destra. La sua[1] casa è la seconda a sinistra. Qual è l'indirizzo[2] di Angela?

[1] ihr [2] Adresse

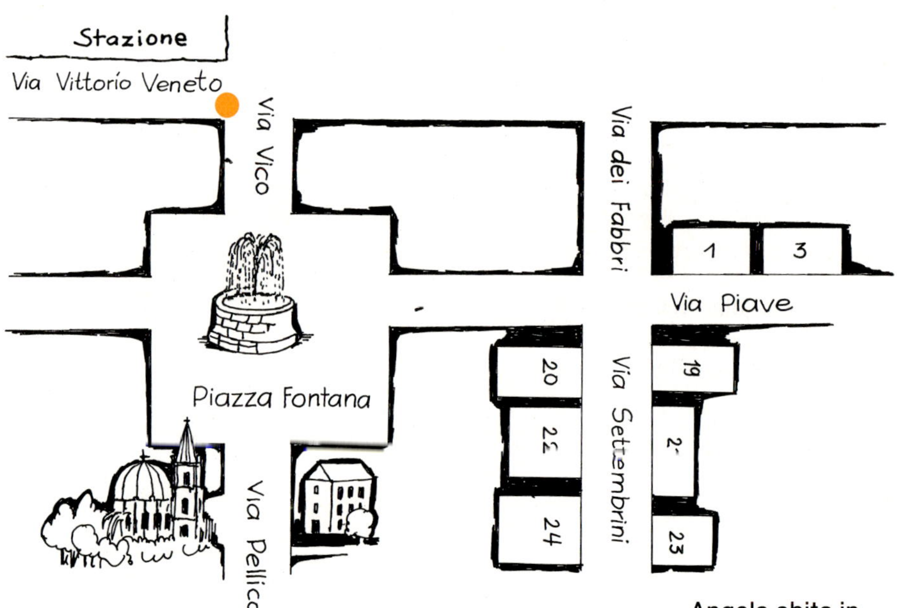

Angela abita in ______________

____

A5 6 SEGNALI STRADALI.*

Lei è in macchina. Che cosa fa?
Kreuzen Sie die richtige Antwort an.

1.

a) Continua dritto.
b) Cerca un parcheggio e continua a piedi.
c) Torna a casa.

2.

a) Scende e prende l'autobus.
b) Gira a destra o a sinistra.
c) Continua sempre dritto.

3.

a) Va dritto.
b) Gira a destra.
c) Va a piedi.

* Verkehrszeichen

A5 7 C'È O È?

Completate.

1. In piazza Mazzini ________________ il teatro comunale.
2. Il museo etrusco ________________ in via Porsenna.
3. Di fronte al museo ________________ una farmacia.
4. La banca ________________ accanto all'ufficio postale.
5. ________________ un albergo qui vicino? – Sì, ________________ l'hotel Fani, ________________ in piazza Garibaldi.
6. Scusi, ________________ un tram o un autobus per la stazione? – Sì, ________________ l'autobus. La fermata ________________ qui di fronte.

A5 8 UN VIAGGIO A RAVENNA*

Sie wohnen derzeit in Ravenna, Via Guidone 15. Ein italienischer Bekannter möchte Sie besuchen. Beschreiben Sie ihm den Weg.

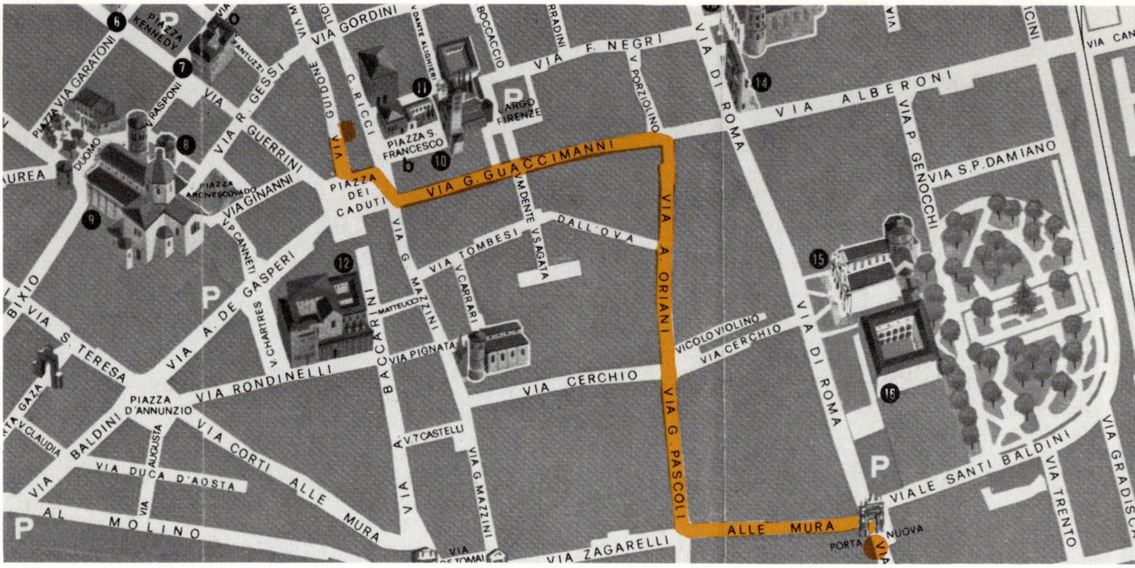

Quando sei a Porta Nuova devi ______________________________

____

____

---

* Eine Reise nach Ravenna

B 9 UN BIGLIETTO

Heute ist Sonntag. Herr und Frau Capecchi wollen ausgehen. Ihre Kinder haben bei Freunden übernachtet und sind noch nicht zurück. Sie schreiben ihnen deshalb einen Zettel. Ergänzen Sie mit folgenden Verben: andare, mangiare, avere, prendere, preferire, tornare.

Cara Franca, caro Mario,
noi andiamo in centro. ____________ a sentire un concerto in piazza del Duomo e ____________ lì. C'è risotto per tutti. ____________ voglia di venire?
________ il tram o la metropolitana, perchè oggi il centro è vietato alle macchine. Se ____________ stare a casa, in frigorifero c'è qualcosa da mangiare.
____________ stasera.
Ciao! mamma e papà

PIAZZALE
DELLE
CASCINE
1

LUNGARNO
AMERIGO VESPUCCI
2

LARGO
MICHELE LIVERANI
MEDAGLIA D'ORO
3

CORSO
DEI TINTORI
4

VIALE
MICHELANGIOLO
5

PIAZZA
S. MARIA IN CAMPO
6

A1 1 UNA RICETTA

Ihre Freundin Anna hat zu ihrem Geburtstag 4 Personen eingeladen. Sie bittet Sie, ihr zu schreiben, wie Sie die „Scaloppine al marsala" zubereiten, die ihr bei Ihnen so vorzüglich geschmeckt haben. Nehmen Sie das Rezept auf S. 44 zu Hilfe, und verwenden Sie die Bindewörter „prima" und „poi".

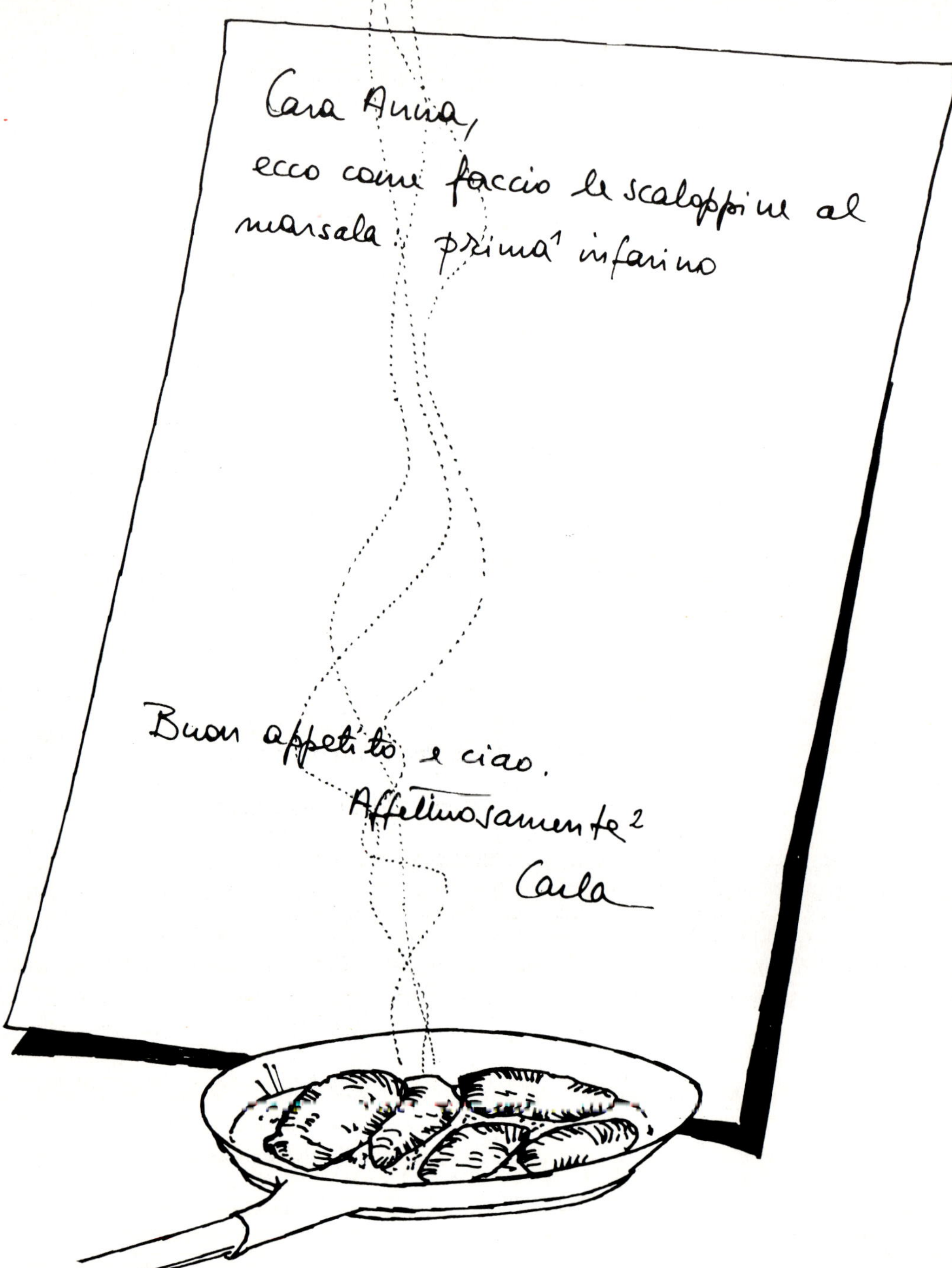

[1] zuerst [2] herzlichst

A2 2 CRUCIVERBA ILLUSTRATO

Die markierten Kästchen ergeben, von oben nach unten gelesen, das italienische Wort für Feinschmecker.

A2 3 PRIMA E DOPO *

* vorher und nachher

Im rechten Küchenschrank fehlt einiges. Schauen Sie genau hin!

Che cosa manca?

Manca il sale, ____________________

Mancano ____________________

____

A3 4 IN SALUMERIA

Ergänzen Sie den Dialog mit Hilfe der unten angegebenen Antworten der Verkäuferin. Achten Sie dabei auf die richtige Reihenfolge.

~ Quanto costa il prosciutto?

≈ ____________________

~ Crudo.

≈ ____________________

~ Bene, due etti. E un etto di carciofini, se non sono troppo cari però.

≈ ____________________

~ Ma sono buoni?

≈ ____________________

~ Allora, va bene. Quant'è?

≈ ____________________

~ Ecco diecimila lire.

≈ ____________________

~ Grazie, arrivederci.

≈ ____________________

- No, signora, costano 2000 lire l'etto.
- Grazie, duemilaquattrocento a Lei.
- In tutto, settemilaseicento lire.
- 2800 lire l'etto; ma è buono.
- Cotto o crudo?
- Arrivederci.
- Non buoni, buonissimi.

A3 → A4

5 AGGETTIVI

Ergänzen Sie die Sätze mit den folgenden Adjektiven:

grande, fresco, buono, caro, austriaco, matrimoniale, italiano, tedesco, tranquillo.

1. Senti com'è ______________ questo caffè!
2. Le ciliegie a 6000 lire il chilo sono troppo ______________.
3. Cerchiamo due camere ______________ per una notte.
4. L'appartamento di Maria non è ______________ ma è in un posto ______________.
5. Bruno e Barbara sono ______________, di Innsbruck.
6. Al mercato la frutta è sempre ______________.
7. Preferisci le macchine ______________ o le macchine ______________?

A5

6 CHE COSA SCRIVE NEL BIGLIETTO?

Frau Giulia will einkaufen gehen. Sie überlegt, was sie braucht. Was schreibt sie dann auf den Zettel?

A3 → A6

7 DOVE FA LA SPESA LA SIGNORA GINA?

Frau Gina ist beim Einkaufen. Sie muß Brot, Fleisch, Schinken, Käse, Obst und Gemüse kaufen.
Vervollständigen Sie die untenstehenden Zeilen mit den passenden Ausdrücken.

La signora Gina è ______ mercato.

Qui compra ______________ e ______________ .

Poi va __________ macellaio a

comprare __________________ ,

e poi ______ salumeria; compra

________________ e ______________ .

Adesso manca solo ________________ ;

va ______ panetteria e poi torna ______ casa.

B1

8 MARIA E ANTONIO FANNO LA SPESA.

Vervollständigen Sie den Text mit den richtigen Verbformen.

Maria e Antonio ____________________ (preferire) i prodotti freschi, perciò ____________________ (andare) a fare la spesa tutti i giorni. ____________________ (comprare) molto al mercato perché così ____________________ (risparmiare). Lì infatti la frutta e la verdura ____________________ (costare) meno. Maria e Antonio ____________________ (andare) sempre a piedi perché non ____________________ (abitare) lontano. Per tornare invece ____________________ (prendere) l'autobus perché non ____________________ (avere) voglia di camminare con le borse piene.*

* mit vollen Taschen

B1 9 VERBI

Tragen Sie folgende Verben in der angegebenen Person ein: venire, trovare, spendere, stare, fare, dire, mettere, andare, preferire.

B2 10 CHE COSA DICONO?

Sie fangen in einem Geschäft folgende Satzfetzen auf.
Machen Sie daraus sinnvolle Sätze.

„Tutto è caro; bisogna ______________________ un po'."

„Con uno ______________________ solo è un problema arrivare a ______________________."

„Che cosa compri ______________________ buono?"

„Tanti ______________________ a Franco."

„Per l'onomastico di Franco vorrei preparare ______________________ speciale."

„Con questi prezzi mangiare la carne è un ______________________!"

A1 → B2

11 UNA VERA AMICA[1]

Karin lebt z. Z. in Turin. Sie wohnt ziemlich außerhalb der Stadt, und für heute abend hat sich ein Besuch angesagt. Es ist bereits 19.00 Uhr. Karin ruft eine Freundin an.

Vervollständigen Sie den Text mit: è, c'è, sono, ci sono.

~ Pronto Angela? Sono Karin.

≈ Ah, ciao Karin.

~ Senti, Angela, ho un problema: stasera arriva un amico ed io vorrei preparare qualcosa da mangiare, ma in casa ________________ poco. Come faccio?

≈ Ma non ______________________ negozi lì vicino?

~ Purtroppo no e il supermercato ________________ lontano.

≈ Ma se prendi la macchina fai ancora in tempo.[2]

~ La macchina? No, non funziona. ________________ un autobus che va in centro ma la fermata ______________________ lontana. Non ho molto tempo.

≈ Allora, vediamo . . . Che cosa hai in casa?

~ Un momento, guardo in cucina. Dunque, ________________ un po' di speck, ________________ quattro uova[3], ______________________ anche un pacco di spaghetti.

≈ Hmm, manca il formaggio . . .

~ No, il formaggio ________________; ________________ un po' di parmigiano.

≈ Allora non ________________ problemi. Questo basta per preparare gli spaghetti alla carbonara!

~ Davvero[4]? E come devo fare?

≈ Dunque, mentre[5] fai cuocere gli spaghetti tagli a pezzetti lo speck che poi fai rosolare nell'olio. Poi sbatti due uova e mescoli con il sale, il pepe, e tanto parmigiano. Dopo aggiungi gli spaghetti e lo speck. Devi mescolare bene ancora e servire subito.

~ Uhmmm! ________________ certamente buonissimi. Grazie, Angela, sei una vera amica.

---

[1] Freundin [2] schaffst du es [3] Eier [4] wirklich [5] während

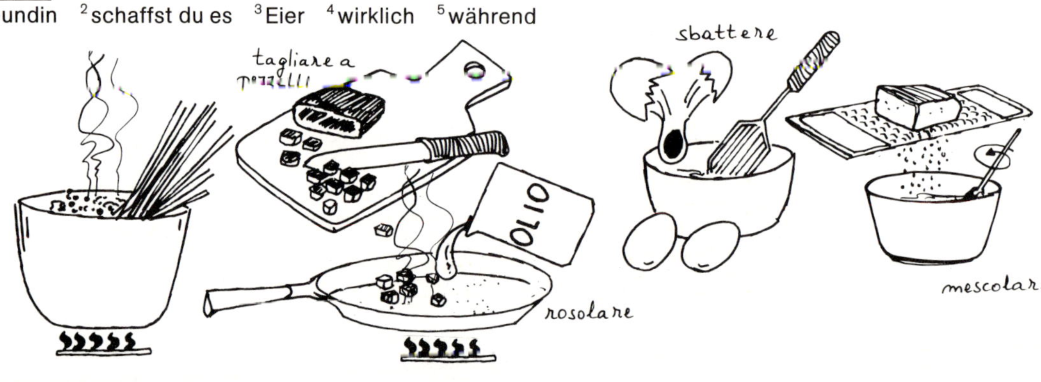

Capellini

Bucatini

Spaghetti

Ziti

Risini

Stelline

Maccheroni

Penne rigate

Farfalle

Pipe rigate

Gnocchi

Fusilli

Tagliatelle (5 mm)

Fettuccine (7 mm)

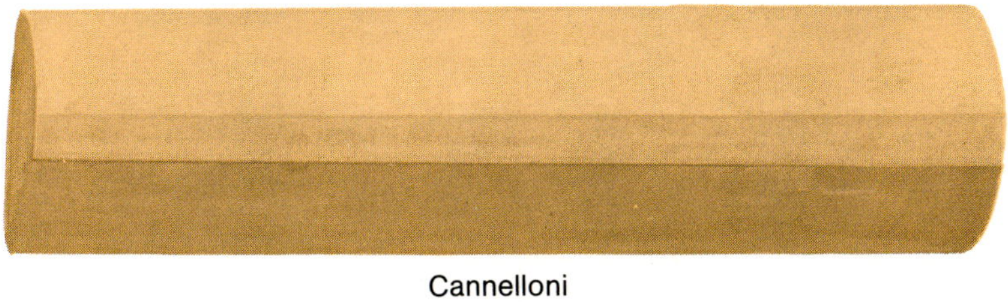
Cannelloni

A1 1 CHE COSA È SUCCESSO?

Ergänzen Sie mit dem „passato prossimo" *der folgenden Verben:* diventare, esserci, nascere, avere, visitare

Nel 1789

______

La rivoluzione francese.

Nel 1871

Roma ______

la capitale[1] d'Italia.

Nel 1962

i Beatles ______

un grande successo.

Nel 1967

a Londra ______

la minigonna[2].

Nel 1980

il Papa ______

la Germania.

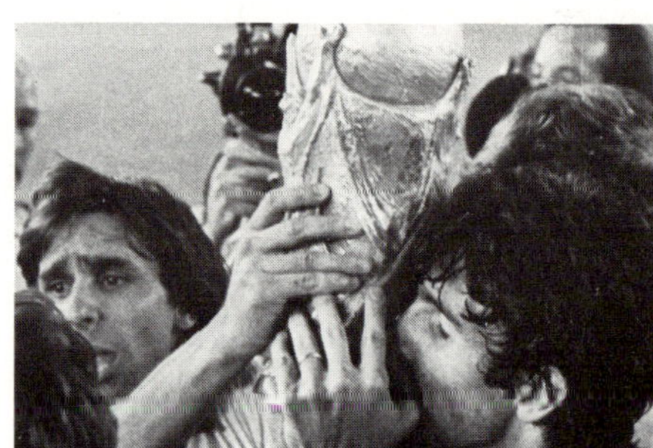

Nel 1982

L'Italia ______

campione del mondo[3].

[1] Hauptstadt [2] Minirock [3] Weltmeister

A1 → A3 2 QUANTI ANNI HANNO?

Io sono nato
nel 1969.

Antonio

Io sono nata
tre anni dopo Enrico.

Rina

Io sono nato
quattro anni prima
di Antonio.

Enrico

Rina è nata nel ________________. Enrico è nato nel ________________.

Antonio ha ________________, Rina ________________ ed Enrico ________________.

A3 3 CRUCIVERBA

Tragen Sie die Monate der Geburtsdaten in die waagrechten Felder ein.

MARCO	5. 2. 65
FRANCO	10. 4. 66
MARIA	17. 9. 64
ANNA	7. 10. 68
CARLO	15. 3. 66

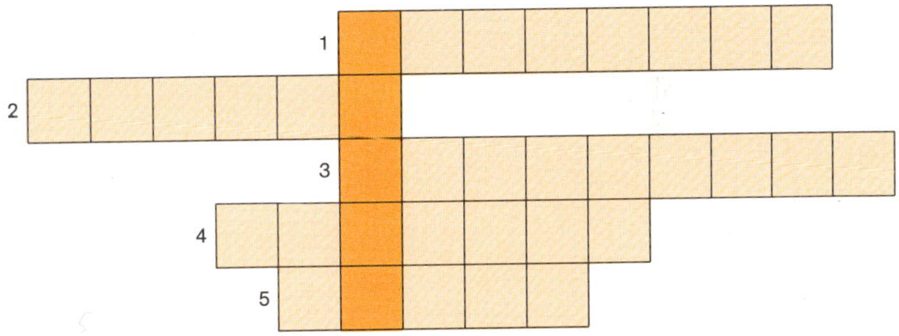

Die markierten Kästchen ergeben das Lösungswort.

Marco: Giovanni, quando è il tuo compleanno?
Giovanni: Domani.
Marco: Allora veniamo tutti alla tua ________________.

A3 4 INDOVINELLO[1]

Ergänzen Sie den Spruch, und tragen Sie die Monatsnamen ein.

30 giorni ha novembre con ________________, ________________ e

________________, di ventotto ce n'è uno[2]: ________________,

tutti gli altri ne[3] hanno trentuno: ________________, ________________,

________________, ________________, ________________, ________________,

________________.

[1] Rätsel [2] mit 28 gibt es einen [3] davon

A4 5 POSSESSIVI

Vervollständigen Sie die Dialoge mit den passenden Possessivpronomen.

1. ~ Non c'è Marcella?

   ≈ No, è andata a Bari, a trovare ________________ famiglia.

2. ~ Allora, Paolo, com'è ________________ nuovo appartamento?

   ≈ Bellissimo! Ma perché non vieni domenica a pranzo con ________________ ragazza? Così lo[1] vedete!

3. ~ Dove vai?

   ≈ Vado a comprare qualcosa per Marco. Domani è ________________ compleanno.

4. ~ Sandra, ho trovato ____________ libro d'inglese in cucina. Sei una disordinata[2]!

   ≈ Non è vero! ________________ libro è in camera. Ho studiato fino ad ora[3].

[1] es [2] unordentliche Person [3] bis jetzt

A5 6 ALBERTO MORAVIA

Vervollständigen Sie mit den Verben im „passato prossimo".

Alberto Moravia ______________ (nascere) a Roma nel 1907. Il suo vero nome è Alberto Pincherle. Nel 1929 ______________ (scrivere) il suo primo libro „Gli indifferenti" ed ____________ ______________ (diventare) subito famoso. Dopo il successo del libro ______________ (lavorare) come giornalista e ______________ (fare) molti viaggi[1]. ______________ (essere) molto tempo negli Stati Uniti[2] e in Messico. Nel 1941 ________________ (sposare) la scrittrice [3] Elsa Morante. Nel 1961 con il libro „La noia" ________________ (ricevere)[4] il Premio Viareggio[5]. Altri libri famosi sono: „Agostino" (1944), „La ciociara" (1957), "Io e lui" (1971), "La vita interiore" (1978).

[1] Reisen [2] die Vereinigten Staaten [3] Schriftstellerin [4] erhalten [5] Literaturpreis, der in der Stadt Viareggio vergeben wird.

A5 7 CHI SONO?

Tragen Sie die Berufsbezeichnungen in die waagrechten Felder ein.

1. Fa i film
2. Lavora in banca
3. Lavora all'ospedale
4. Lavora in fabbrica
5. Lavora in un negozio
6. Viaggia molto per lavoro
7. Studia all'università
8. Scrive lettere in ufficio
9. È senza lavoro

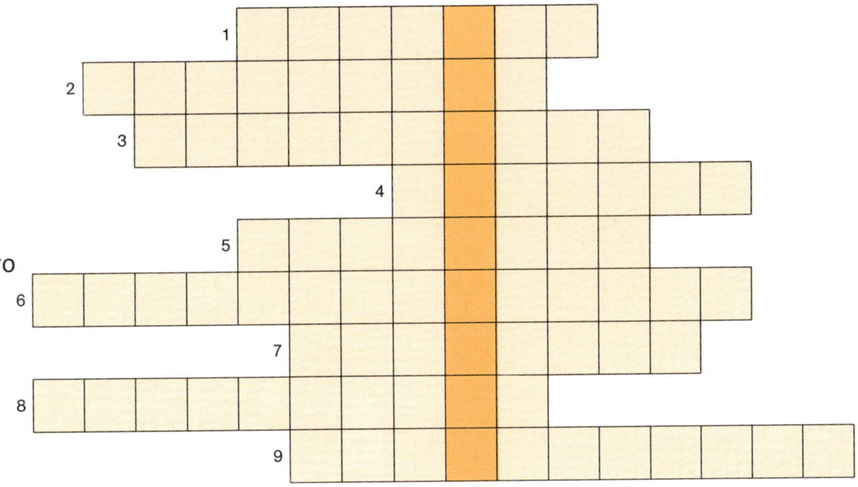

Die markierten Kästchen ergeben das Lösungswort. Es ist die italienische Bezeichnung für „Gehalt".

B 8 UN INCONTRO

Clara ruft Paola an und erzählt ihr, wie sie den Tag verbracht hat.
Vervollständigen Sie den Text mit:
andare, incontrare, conoscere, fare, visitare, ritornare, prendere, rimanere.

Ciao, Paola. Sai che cosa è successo oggi?

Sono ________________ in centro e ________________

Giorgio. Chi è Giorgio? È un ragazzo simpatico che

________________ a una festa una settimana fa. Come? Sì,

________________ una passeggiata insieme in centro,

e poi ________________ il museo d'arte moderna.

Come? No, non ________________ a casa con lui,

________________ il tram perché sai com'è mio padre[1] . . .

E tu che cosa ________________ oggi? Niente[2]?

________________ tutto il giorno a casa? Oh, mi dispiace.

Domani io e Giorgio andiamo a teatro. Vieni anche tu? Va

bene, allora a domani. Ciao!

---

[1] mein Vater [2] nichts

B 9 VERBI

Kennen Sie die Partizipien der Vergangenheit folgender Verben?

1. preferire
2. fare
3. mettere
4. vedere
5. avere
6. leggere
7. dire

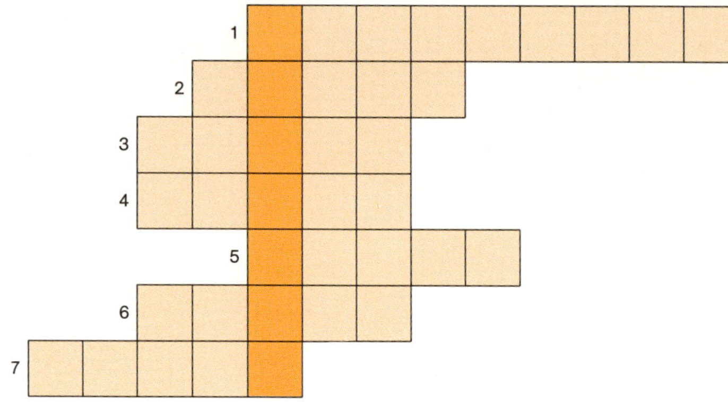

Die markierten Kästchen ergeben das Lösungswort. Es bedeutet „Vergangenheit" im Italienischen.

B 10 GIOVANNI RACCONTA.

Vervollständigen Sie mit den Verben im „passato prossimo".

Mi chiamo Giovanni Longo. ________________ a Erice, vicino a Trapani. Otto anni fa ________________ la Sicilia e ________________ in Germania. A Mannheim ________________ subito lavoro. Prima ________________ in una grande fabbrica, poi ________________ il tedesco e ________________ rappresentante. Due anni fa ________________ amicizia con una ragazza tedesca di Ludwigshafen. Adesso sono contento e voglio rimanere in Germania.

nascere
lasciare
venire
trovare
lavorare
studiare
diventare
fare

B 11 LA FIGLIA NON VUOLE

Ho due figli[1], uno è sposato e vive in Sudamerica, l'altra, di 20 anni, è in casa. Dico „in casa" ma è un modo di dire[2] perché lei fa la sua vita, mi lascia sempre sola, va con gli amici, così dopo la morte di mio marito nella mia vita c'è stata molta solitudine. Poco tempo fa ho conosciuto un uomo bravo e onesto[3] ed ora ho la possibilità di risposarmi[4], ma mia figlia non vuole. Non vuole un altro uomo in casa perché non vuole un altro papà.
Sono molto triste e non so cosa fare.

Tua figlia ha vent'anni, non è una bambina, e non ha bisogno di[5] un altro papà. Infatti[6], com'è giusto, vive la sua vita. Ma anche tu devi essere libera di vivere la tua vita. Perché rimanere sola per l'egoismo dei figli?
Devi parlare ancora con tua figlia, con affetto ma apertamente[7]. E lei deve capire.

---
[1] Kinder [2] Redensart [3] gut und ehrlich [4] wieder heiraten [5] braucht keinen . . . [6] In der Tat [7] offen

a) Vero o falso?

	V	F
1. La signora abita con due figli.	☐	☐
2. La figlia non sta molto tempo in casa.	☐	☐
3. Dopo la morte del marito la signora è stata molto sola.	☐	☐
4. Ora desidera sposare un uomo che è papà.	☐	☐
5. La figlia non vuole rimanere sola.	☐	☐

b) Ergänzen Sie.

Mia figlia mi lascia sempre ________________.
Dopo la morte di mio marito, nella
mia vita ________________ molta solitudine.
Adesso ho ________________ di sposare un
uomo bravo e onesto, ma mia figlia non ________________.

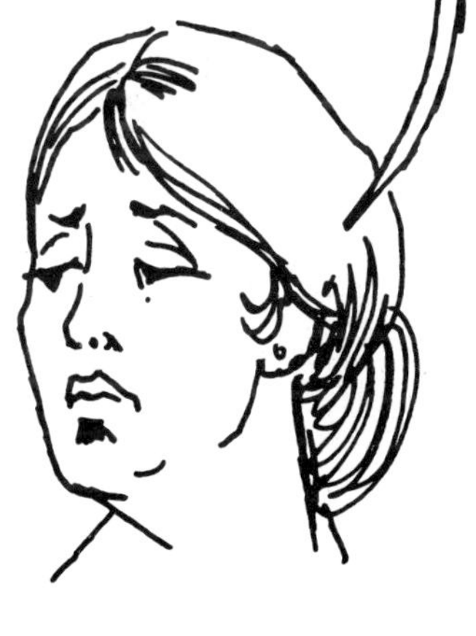

Tua figlia ________________ vent'anni, non è una bambina,
e non ha bisogno di un altro papà. Infatti vive
________________ vita. Ma anche tu devi essere libera
________________ la tua vita! ________________ parlare
ancora con tua figlia.

ISTITUTO DI BELLEZZA
Ireni
ESTETICA
SAUNA
PEDICURE

1

PARRUCCHIERE
per SIGNORA
Concord.
La Permanente

2

Barbiere
BARBIERE

3

A1 1 CHE ORE SONO?

A

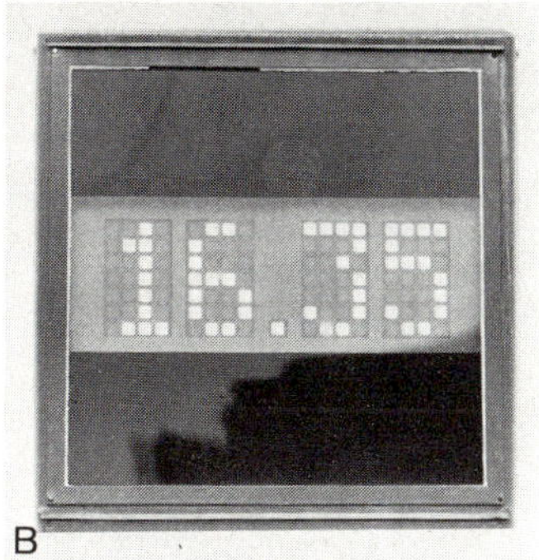

B

C

D

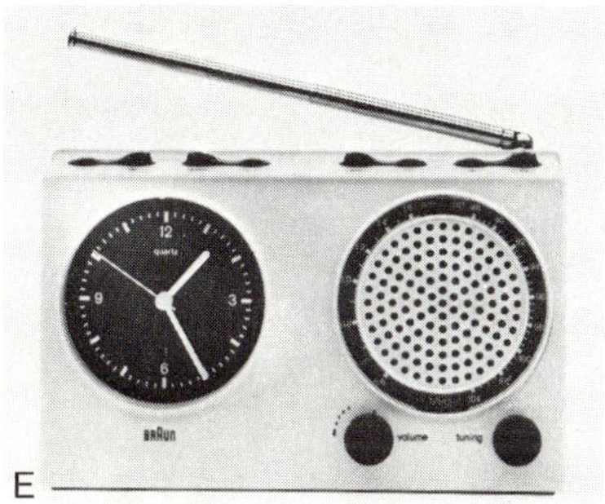
E

F

1. Sono le undici e dieci.
2. Sono le due e mezza.
3. È l'una e venticinque.
4. Sono le sei e un quarto.
5. Sono le quattro e trenta-cinque.
6. Sono le sei meno un quarto.

Ordnen Sie richtig zu.

A1 2 OROLOGI*

Zeichnen Sie ein!

1. È l'una e un quarto.
2. Sono le dieci meno dieci.
3. È mezzogiorno e cinque.
4. Sono le otto e venti.
5. Sono le cinque meno venti.
6. È mezzanotte e venticinque.

1

2

3

4

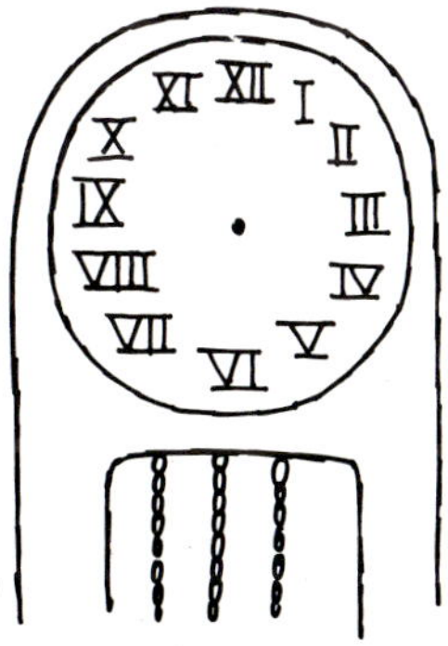
5

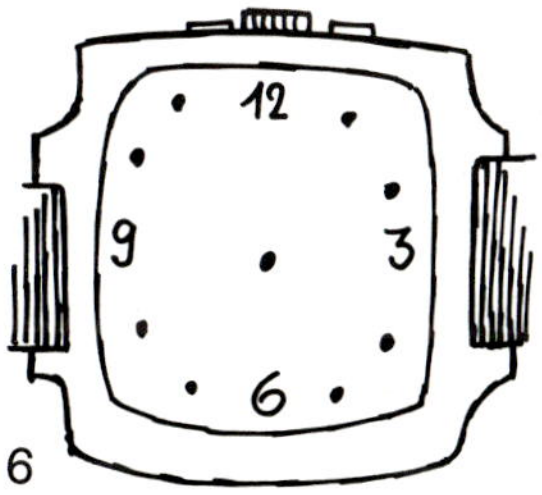
6

* Uhren

A1 → A2

3 ORARI DI LAVORO[1]

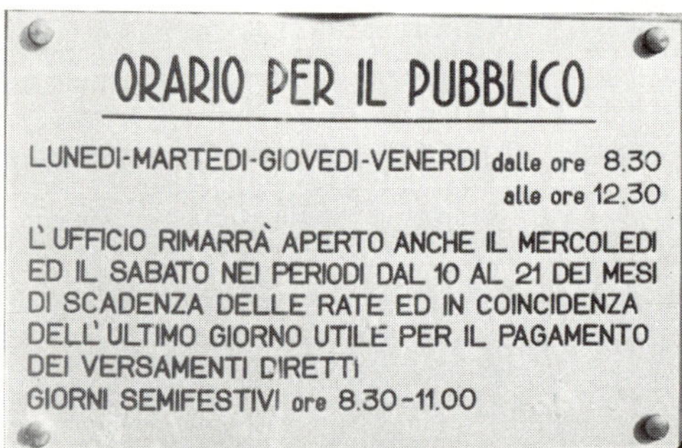

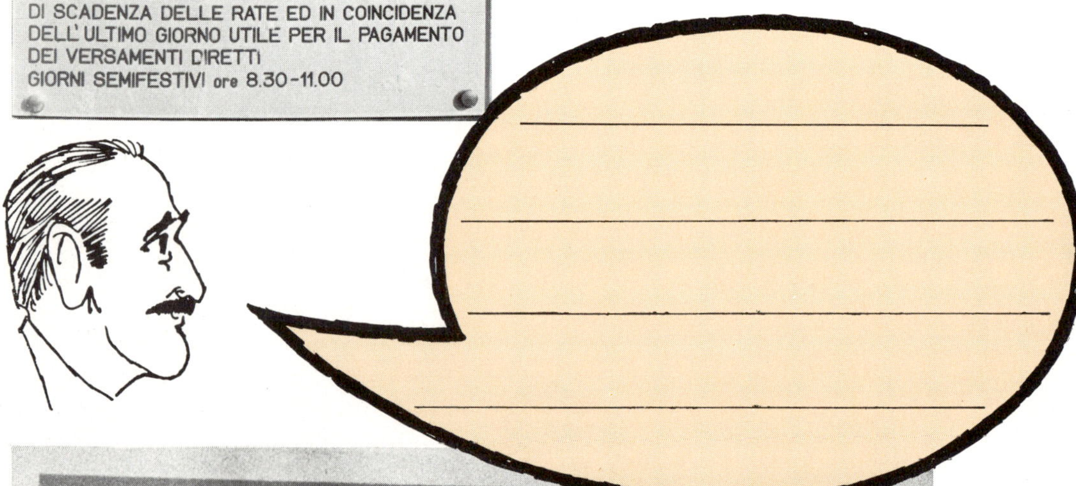

[1] Arbeitszeiten [2] bei der Stadtverwaltung [3] Schule

COMUNE DI MONTECATINI TERME
PROVINCIA DI PISTOIA

ORARIO DEI NEGOZI
L. 29-11-1982 n. 887 - D.G.M. n. 57 del 25-01-1983

Questo esercizio, autorizzazione amministrativa
n. 662
rimane aperto al pubblico

DAL 1° APRILE AL 31 OTTOBRE:
dalle ore 9.00 alle ore 20.00

INTERVALLO:
dalle ore 13.00 alle ore 15.30

DAL 1° NOVEMBRE A 31 MARZO:
dalle ore 9.00 alle ore 19.30

INTERVALLO:
dalle ore 13.00 alle ore 15.00

IL SINDACO
Comm. Lenio Rucconi

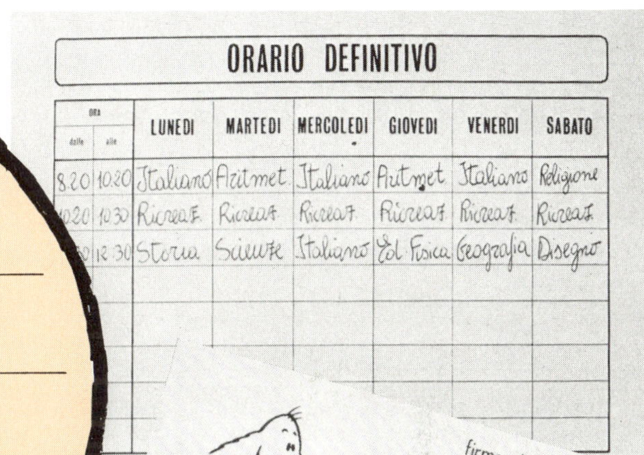

ORARIO DEFINITIVO

ORA dalle	ORA alle	LUNEDI	MARTEDI	MERCOLEDI	GIOVEDI	VENERDI	SABATO
8.20	10.20	Italiano	Aritmet.	Italiano	Aritmet.	Italiano	Religione
10.20	10.30	Ricreaz.	Ricreaz.	Ricreaz.	Ricreaz.	Ricreaz.	Ricreaz.
[illegible]	12.30	Storia	Scienze	Italiano	Ed. Fisica	Geografia	Disegno

A2 → A3

4 LA TELEVISIONE PIACE A TANTI . . .

F: Pronto, Daniela, sei tu? Sono Franca.
D: Ciao, Franca, come stai?
F: Bene, grazie. Che cosa fai stasera?
D: Guardo la televisione.
F: Anch'io. Tu che cosa guardi?
D: Il primo canale[1]. Alle otto e mezzo c'è un film con Dustin Hoffmann, Tootsie.
F: Io preferisco la musica. Sul secondo canale, alle nove e un quarto, c'è un concerto jazz. Alle dieci e dieci poi c'è un' intervista con Milva.
D: Lo so, ma purtroppo quando finisce il film mio marito vuole vedere la Coppa del Mondo; comincia alle dieci e venti.
F: Anche mio figlio[2] è rimasto a casa stasera per vedere lo sport; per fortuna[3] noi abbiamo due televisori[4]!
D: Insomma anche stasera non andiamo a letto prima di mezzanotte.
F: Eh sì, la televisione è proprio una brutta cosa.
D: Scusa, ma adesso finisco perché comincia il film. Ti telefono io domani.
F: Va bene. Ciao.

[1] erstes Programm [2] Sohn [3] glücklicherweise [4] Fernseher

a) *Erstellen Sie aufgrund des Telefongesprächs das Fernsehprogramm des Abends mit Zeitangaben.*

TV 1 rai	
ore	programma
______	______________
______	______________
______	______________
______	______________

TV 2 rai	
ore	programma
______	______________
______	______________
______	______________
______	______________

b) *Vero o falso?*

	V	F
1. Daniela non vuole guardare la televisione stasera.	☐	☐
2. A Franca piace la musica jazz.	☐	☐
3. Daniela non può vedere l'intervista con Milva.	☐	☐
4. Franca e suo figlio guardano insieme la televisione.	☐	☐
5. Le due famiglie vanno a letto tardi.	☐	☐

A3 → A5

5 CARLA

Vervollständigen Sie mit: mia, la sua, una mia, mio, sua, mio, il suo.

Questa è Carla, ________________ collega. Ha cominciato a lavorare nel ________________

reparto[1] un anno fa ed abbiamo fatto subito amicizia.

Spesso[2] viene a casa ________________ o io vado a casa ________________.

La domenica usciamo[3] in quattro: lei, ________________ ragazzo, ________________ marito ed io.

Domenica prossima[4] vogliamo andare a Piacenza a trovare ________________ famiglia.

[1] Abteilung [2] oft [3] gehen aus [4] nächsten Sonntag

A3

6 LA MIA SETTIMANA

Für die nächste Woche haben Sie sich folgende Termine notiert. Schreiben Sie sie in der richtigen Reihenfolge in Ihr neues italienisches Notizbuch ein.

Mo. 19.00 Konzert, Do. 9.00 Italienischkurs, Di. 10.00 Tennis, Sa. 14.00 bei Roberto, Mi. 17.30 Kino, Fr. 21.00 Theater, So. 9.00 Geländelauf

Ore	Lunedì	Martedì	Mercoledì	Giovedì	Venerdì	Sabato	Domenica
9							

A4 7 CARLO RACCONTA

Vervollständigen Sie den Text mit den Verben im „passato prossimo".

Ieri sera ______ a una festa.	essere
______ da un mio amico che ha una bella casa,	andare
fuori città. La mia ragazza, Ines, non ______:	venire
______ andare al cinema. Alla festa ______	preferire/conoscere
molte persone. Alle 21 poi ______	arrivare
due ragazze austriache molto simpatiche.	
Io parlo un po' il tedesco e così ______ subito amicizia.	fare
A mezzanotte ______ tutti in cucina e ______	andare/fare
una bella spaghettata.[1] Poi le due ragazze austriache ed io	
______ a chiacchierare[2] ancora un po'.	rimanere
Alle tre ______ a casa	accompagnare
le ragazze e ______ a casa.	tornare

[1] Spaghettiessen; [2] sich unterhalten

A5 → A7 8 UNA LETTERA

Schreiben Sie denselben Brief an Herrn Albertosi.

Caro Franco,	Gentile signor Albertosi,
scusa, se non ti ho scritto prima[1], ma sono appena tornato dalla Francia.	______
Ti ringrazio per la tua cartolina da Parigi.	______
Allora sei stato in Francia anche tu!	______
Ti devo raccontare molte cose di questo viaggio[2].	______
Ti posso invitare a casa mia una di queste sere?	______
Così ti faccio conoscere anche mia moglie.	______
Se vuoi, ti vengo a prendere con la macchina.	______
Saluti cordiali	______

[1] vorher [2] Reise

A7 9 UN INVITO

Gentile signorina,

La posso invitare a teatro sabato prossimo?

Ho due biglietti per il Faust. Se Le va bene, La vengo a prendere alle 7.

Cordiali saluti

1 Gentile signor . . .
grazie per il Suo biglietto.
La vengo a prendere sabato alle 7.
Saluti cordiali

2 Caro . . .
che bello! Lo sai che il circo mi piace tanto.
A sabato.
Ciao, ciao

3 Gentile signor . . .
La ringrazio per l'invito. Purtroppo non posso venire perché giovedì parto[1] per le vacanze. Mi dispiace.
Grazie e cordiali saluti

[1] fahre ich in Urlaub

a) *Welche der drei Antworten paßt zu dem Brief?*
b) *Schreiben Sie Briefe, zu denen die beiden anderen Antworten passen.*

B 10 COME SI CHIAMA LA TUA RAGAZZA?

Vervollständigen Sie den Dialog, und schreiben Sie die betreffenden Wörter in die Kästchen.

~ Ciao, Carlo; hai già un . . . per stasera?
≈ Sì, mi . . . , devo andare a una riunione, dobbiamo . . . un problema molto importante.
~ Non . . ., puoi venire anche domani; ti vorrei presentare la mia ragazza.
≈ Volentieri; allora anche tu sei . . . ! Che bello! A che . . . posso venire?
~ Puoi venire quando . . .
≈ Allora vengo alle 20. Così . . . una bella serata insieme.
~ Va bene. A . . . sera. Ciao.
≈ Senti, ma come si chiama la tua ragazza?

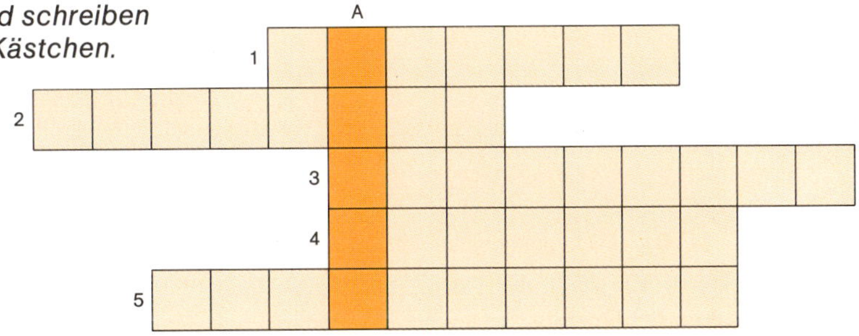

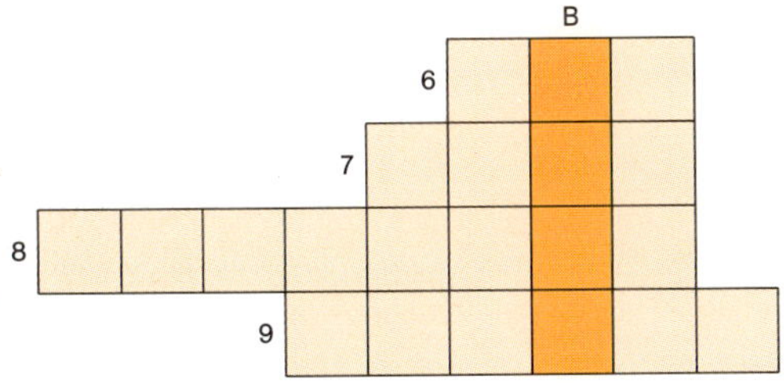

Die markierten Kästchen A und B (senkrecht) ergeben den Namen und den Herkunftsort der neuen Freundin.

COMUNE DI PISTOIA
ASILO NIDO
BONELLE
a

SCUOLA MATERNA
STATALE
b

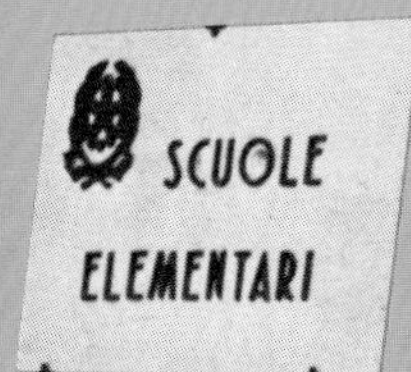
SCUOLE
ELEMENTARI
c

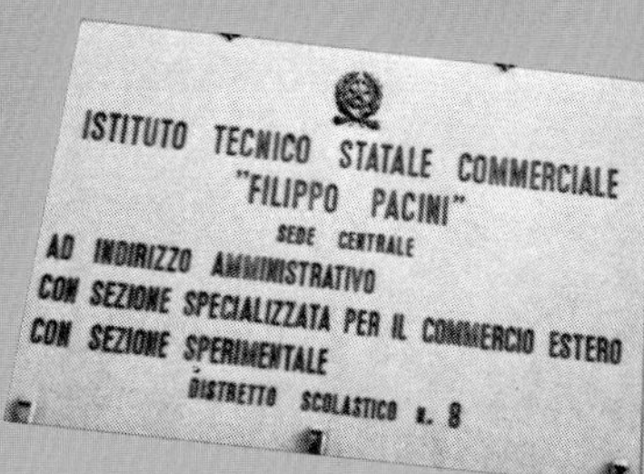
ISTITUTO TECNICO STATALE COMMERCIALE
"FILIPPO PACINI"
SEDE CENTRALE
AD INDIRIZZO AMMINISTRATIVO
CON SEZIONE SPECIALIZZATA PER IL COMMERCIO ESTERO
CON SEZIONE SPERIMENTALE
DISTRETTO SCOLASTICO N. 8
d

COMUNE DI PISTOIA
ASILO NIDO
BONELLE
1

SCUOLE
ELEMENTARI
2

3

4

A1 → A3

1 LA MATTINA IN CASA PICONE

Vervollständigen Sie die Geschichte mit folgenden Verben: alzarsi, fare colazione, fermarsi, lavarsi, salutare[1], svegliarsi, vestirsi.

La mattina il signor Picone __________

__________ alle 7.

Alle 7.05 ____________________

poi va in bagno e __________

La signora Picone ____________________

in camera da letto.

Alle 7.30 i Picone ____________________

____

Alle 7.45 il signor Picone __________

la moglie,

____________________ a comprare

il giornale e va in ufficio.

[1] sich verabschieden von

A1 → A5

2 LA RISPOSTA GIUSTA

Kreuzen Sie die richtige Antwort an.

1. A che ora si alza, professore?
   a) Si alza presto. ☐
   b) Mi alzo sempre molto tardi. ☐
   c) Le 8 e mezzo. ☐

2. Quando viene Paolo?
   a) Mi vesto e vengo. ☐
   b) Sono pronto. ☐
   c) Viene subito. ☐

3. Come vi trovate a Torino?
   a) Io mi trovo bene, mia moglie invece non è contenta. ☐
   b) Per una settimana. ☐
   c) Si trovano male. ☐

4. Come si sente oggi, signorina?
   a) Abbastanza bene. ☐
   b) Si sente male. ☐
   c) Mi sento sola. ☐

5. Quanto tempo si fermano a Roma i Rossi?
   a) Una settimana. ☐
   b) Ci fermiamo 2 giorni. ☐
   c) 3 giorni fa. ☐

6. Quando vi incontrate, tu e Gianni?
   a) Ci vediamo alle tre. ☐
   b) Si incontrano oggi. ☐
   c) Al bar. ☐

A4 → A5

3 CHE NOIA[1], LA DOMENICA!

Ergänzen Sie mit den Possessivpronomen.

Oggi è domenica e Mario si sente solo. ______________ genitori sono andati in campagna, ______________ fratello e ______________ cognata sono andati al cinema, ______________ sorelle sono andate in discoteca con ______________ ragazzi. Mario telefona a ______________ cugino Pietro, ma anche lui ha un impegno, deve accompagnare ______________ madre alla stazione. „Che noia[1], la domenica!" pensa[2] Mario, va in camera ______________ e comincia a scrivere una lettera ad un amico lontano.

[1] wie langweilig [2] denkt

A5 4 IL CASO[1] MONTI

Frau Monti ist seit dem 15. 2. verschwunden. Die Polizei hat nach den Aussagen von Angehörigen und Bekannten den Tagesablauf rekonstruiert bis zu dem Zeitpunkt des Verschwindens.

15/2/84 Teresa Monti

- 5.30 si alza
- fa il caffè, poi si prepara per uscire
- 6.30 prende l'autobus e va all'ospedale a trovare uno zio
- verso[2] le 10.30 si ferma al bar Golia a fare colazione
- 11.00 torna a casa
- 12.30 arriva il marito
- 13.00 mangiano insieme
- 15.00 lascia la casa e si incontra con la signora Venanzio
- 15.30 vanno a vedere insieme la mostra di Burri
- 17.30 si salutano
- ?

[1] Fall [2] gegen

a) *Schreiben Sie den Bericht:*

Il 15 febbraio 1984 Teresa Monti si è alzata alle cinque e mezzo. Ha fatto il caffè, poi

b) *Denken Sie sich eine Lösung des Falles aus, und verwenden Sie dabei das Wörterbuch. Das Ende der Geschichte können Sie auf S.177 lesen.*

A6 5 IN FAMIGLIA

Am Abend unterhält sich ein Paar über den Ablauf des nächsten Tages. Tragen Sie die entsprechenden Objektpronomen ein.

Moglie: A che ora svegli i bambini domani?

Marito: __________ sveglio alle 7.

Moglie: Devo preparare la colazione io?

Marito: No, non è necessario, __________ preparo io. Piuttosto[1], hai già fatto la spesa per domani?

Moglie: No, __________ faccio domattina. Devo comprare anche il giornale?

Marito: No, __________ compro io. A che ora devo andare a prendere i bambini a scuola?

Moglie: All'una. Senti, domani vedo la signora Martelli. Quando __________ invitiamo a cena?

Marito: Domenica, così abbiamo tempo di fare le pulizie con calma.

Moglie: Sì. __________ facciamo sabato, insieme.

[1] übrigens

A6 6 CRUCIVERBA

1. Di solito suona la mattina.
2. Chi viene a fare una visita.
3. Bisogna portarlo fuori tutti i giorni.
4. I genitori di mio marito.
5. Titolo di una persona che ha studiato molto.
6. Una cerimonia che fa diventare due persone marito e moglie.

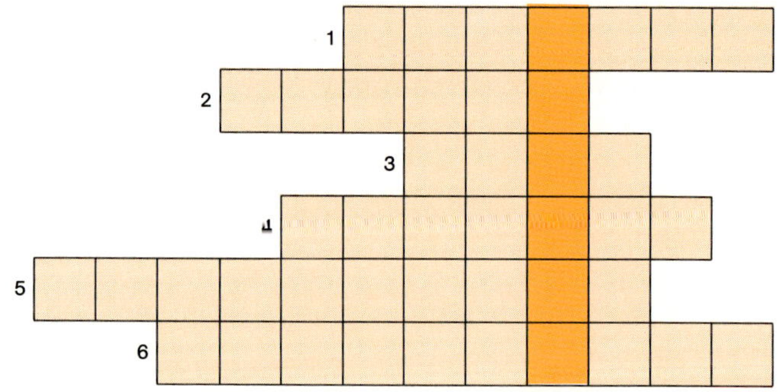

Die markierten Kästchen ergeben das Lösungswort. Es bedeutet „Schwiegersohn" im Italienischen.

A7 7 UN'INTERVISTA

Ergänzen Sie den Dialog.

~ Che lavoro fa, signora?

Sie sagen, daß Sie Krankenschwester sind.

≈ ______________________________

~ Le piace il suo lavoro?

Sie antworten, daß Ihre Arbeit sehr anstrengend ist, aber sie macht Ihnen Spaß.

≈ ______________________________

~ A che ora si alza la mattina?

Sie sagen, daß Sie um 5.30 Uhr aufstehen, weil Sie schon um 7 Uhr mit der Arbeit anfangen.

≈ ______________________________

~ Chi si occupa dei bambini la mattina?

Sie antworten, daß Ihr Mann sich um die Kinder kümmert. Er weckt sie, macht das Frühstück und bringt sie zur Schule.

≈ ______________________________

____

____

~ È contenta della sua vita?

Sie sagen, daß Ihr Leben nicht einfach ist. Ihr Mann und Sie sind immer müde, und manchmal streiten Sie sich, aber das geschieht ja in allen Familien . . .

≈ ______________________________

____

____

____

A5 → A7 8 VERBI

Vervollständigen Sie die Präsensformen von giocare, pagare, cercare, conoscere, leggere, vincere (siegen). *(Es sind jeweils zwei Formen pro Verb.)*

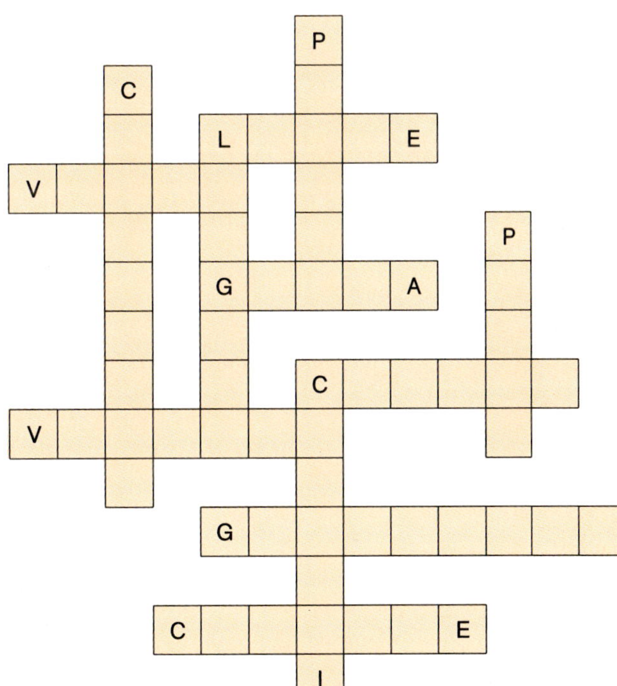

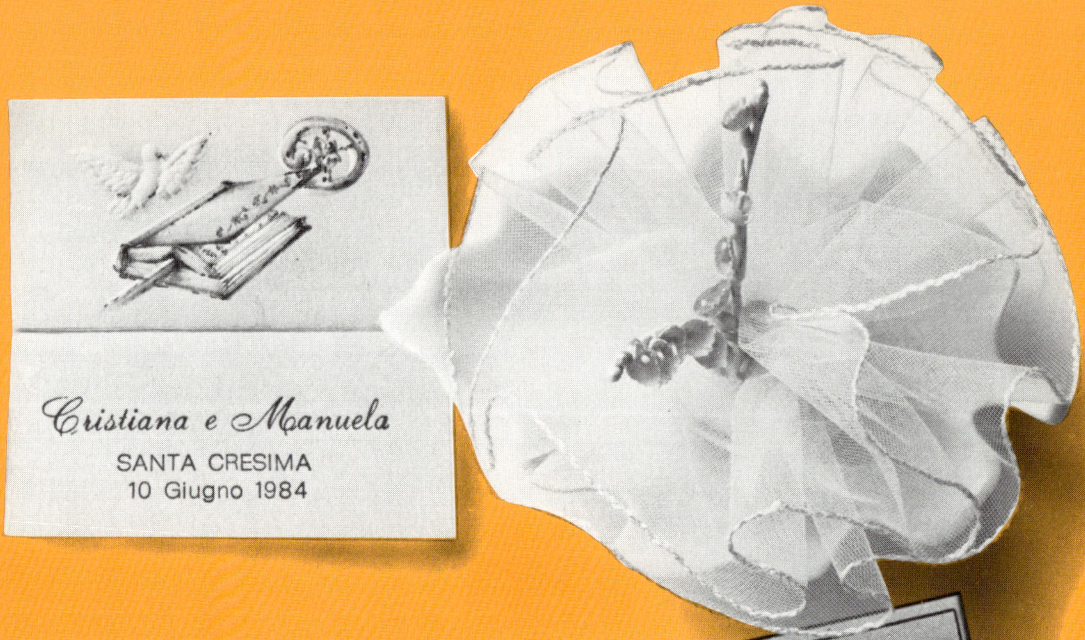
Cristiana e Manuela
SANTA CRESIMA
10 Giugno 1984

1

Regno dell'Amore
Rilascia con gioia
la patente
a Ciazzi Elisa
di Ciazzi Andrea
di Socco Carla
residente Pistoia
via Fiorentina n° 97
valevole per 100 anni e più
Nata il 8·3·1982
PATENTE N° 1
La Cicogna
REGNO DELLE CICOGNE

2

3
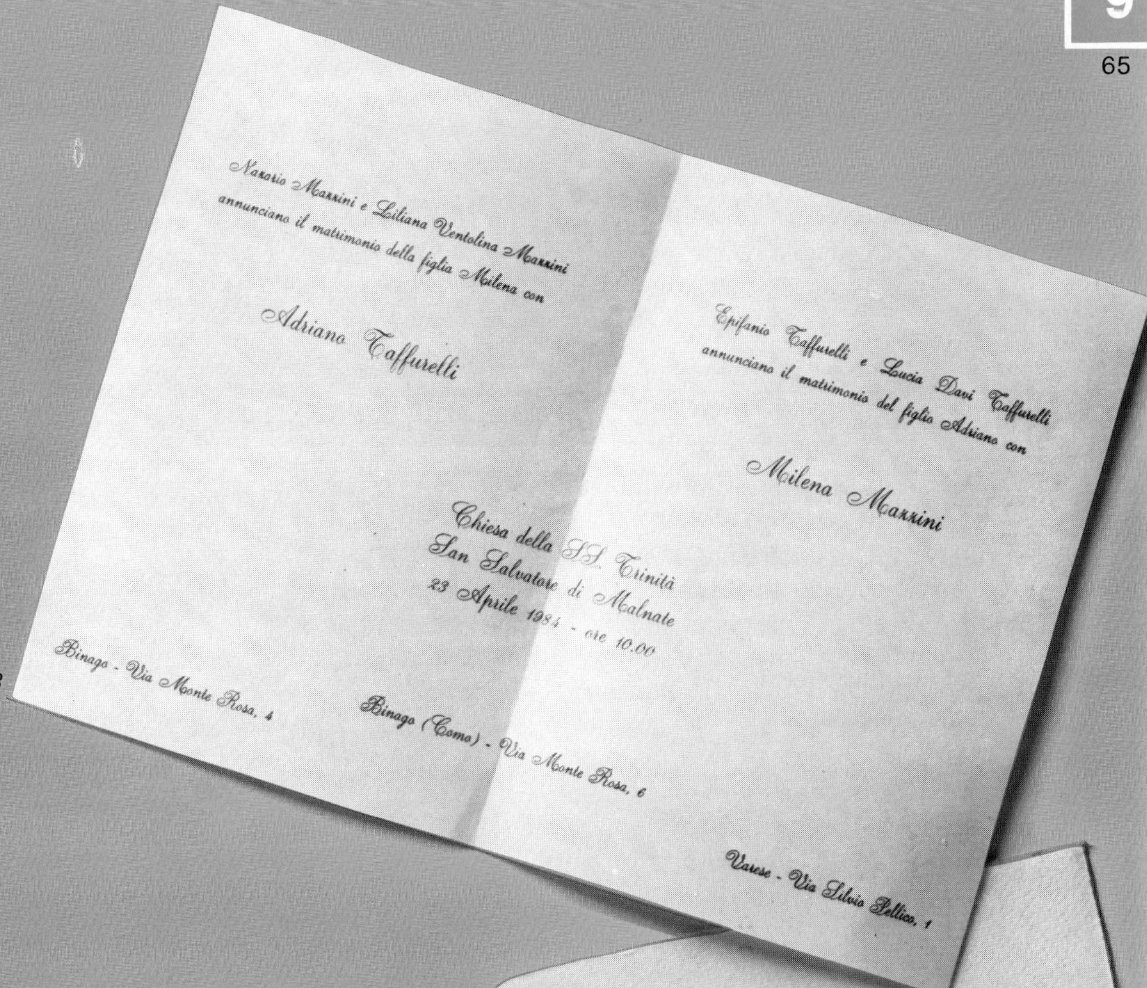
Nazario Mazzini e Liliana Ventolina Mazzini
annunciano il matrimonio della figlia Milena con

Adriano Taffurelli

Binago - Via Monte Rosa, 4

Epifanio Taffurelli e Lucia Davi Taffurelli
annunciano il matrimonio del figlio Adriano con

Milena Mazzini

Chiesa della SS. Trinità
San Salvatore di Malnate
23 Aprile 1984 - ore 10.00

Binago (Como) - Via Monte Rosa, 6

Varese - Via Silvio Pellico, 1

4
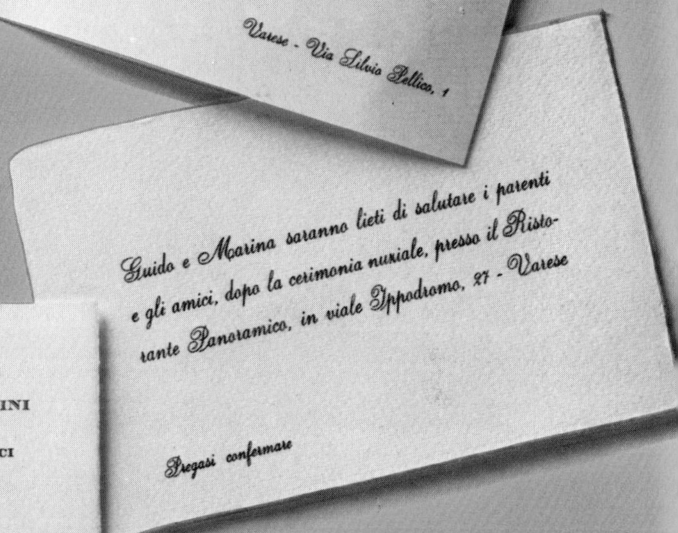
Guido e Marina saranno lieti di salutare i parenti e gli amici, dopo la cerimonia nuziale, presso il Ristorante Panoramico, in viale Ippodromo, 27 - Varese

Pregasi confermare

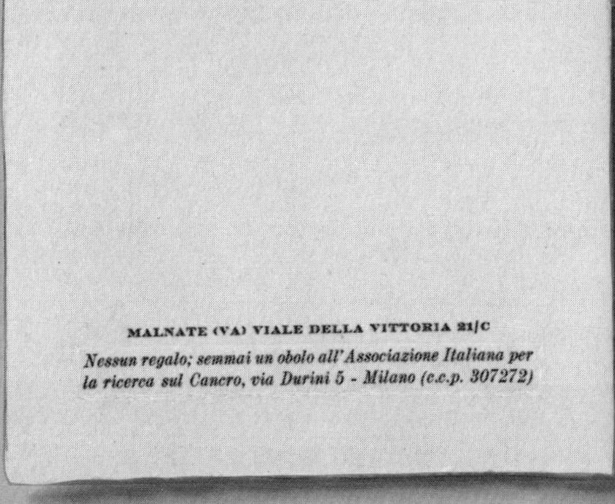
ESTERINA GRILLO E MARIO FACCHINI

PARTECIPANO AI PARENTI ED AGLI AMICI
LE LORO NOZZE D'ORO

(NOVI LIGURE - 7 NOVEMBRE 1931)

MALNATE (VA) VIALE DELLA VITTORIA 21/C

Nessun regalo; semmai un obolo all'Associazione Italiana per la ricerca sul Cancro, via Durini 5 - Milano (c.c.p. 307272)

5

La famiglia italiana? Ha casa e spende più di 1 milione al mese

Moglie, marito, uno o due figli. Possiedono[1] la casa dove abitano e vivono in media con un milione e 310 mila lire al mese. Spendono la metà[2] dello stipendio per la casa e l'alimentazione[3]. Le famiglie che stanno al Nord guadagnano il 34 % in più delle famiglie del Sud. Nel 50 % delle famiglie c'è una sola persona che lavora, ma in 30 famiglie su cento sono in due a guadagnare. Questa è la famiglia italiana nel 1982. La famiglia ha ancora oggi un ruolo molto importante nella vita economica italiana. È la famiglia infatti che decide[4] quanto spendere, quanto risparmiare, quanto lavorare.

[1] besitzen [2] Hälfte [3] Ernährung [4] entscheidet

Vero o falso?

	V	F
1. Nelle famiglie italiane ci sono in media uno o due bambini.	☐	☐
2. Molte famiglie italiane hanno la casa.	☐	☐
3. Le famiglie italiane spendono meno di un milione al mese.	☐	☐
4. Le famiglie italiane spendono poco per mangiare.	☐	☐
5. Nel 50 % delle famiglie italiane ci sono due persone che lavorano.	☐	☐
6. In Italia la famiglia ha un ruolo molto importante.	☐	☐

A1 1 UN'INFORMAZIONE

Vervollständigen Sie den Dialog mit den passenden Verbformen, und verfolgen Sie die Wegbeschreibung auf der Skizze. Welches ist das Ziel der jungen Leute?

~ Scusi, signore, per andare . . .
≈ Siete a piedi o in macchina?
~ Siamo in macchina.
≈ Allora, ____________ (girare) qui a destra e ________________ (continuare) sempre dritto, poi ______________ (prendere) la terza strada a sinistra. Dopo cento metri ______________ (scendere) dalla macchina perché dovete continuare a piedi. ________________ (mettere) la macchina al parcheggio che c'è a sinistra e ________________ (andare) ancora dritto. Dopo pochi metri, in alto*, vedete . . .

* oben

A2 2 I CONSIGLI DI UN AMICO

Vervollständigen Sie den Dialog mit den richtigen Verbformen.

~ Quest'anno non so dove andare. Non ho voglia di tornare a Rimini.	
≈ Allora ______________ posto! ________________ a Taormina. È bellissima.	cambiare/andare
~ Ma non voglio fare un viaggio così lungo[1] in macchina.	
≈ Se non vuoi andare in macchina, ____________ l'aereo.	prendere

~ È vero. Poi posso noleggiare una macchina a Taormina.

≈ ________________ una bicicletta, è più divertente! — noleggiare

~ Va bene. E per l'alloggio[2] come faccio?

≈ ________________ una camera all'hotel Timeo e ________________ la pensione completa; la cucina, lì, è buonissima. ________________ subito e ________________ di parlare con il direttore, che è un mio amico, così sei sicuro[3] di avere una camera. — prenotare/prendere, telefonare, chiedere

~ Grazie, sei molto gentile.

≈ Un'altra cosa. Prima di partire[4], ________________ qualcosa su Taormina così quando arrivi sai già che cosa c'è da vedere. — leggere

[1] lang [2] Unterkunft [3] sicher [4] bevor du abreist

A1 → A2

3 LA RISPOSTA GIUSTA

Ergänzen Sie die Sätze und wählen Sie die jeweils passende Verbform.

1. Se andate fuori, non ________________ a casa troppo tardi. — torna / tornare / tornate
2. Se domani vai alla festa del tuo amico non ________________ troppo. — mangia / mangiare / mangiate
3. Se hai bisogno di pace, ________________ a Taormina. — va' / andare / andate
4. Se vai in Sardegna, ________________ per tempo. — prenota / prenotare / prenotate
5. Se guardate ancora la televisione, non ________________ a letto troppo tardi. — va' / andare / andate
6. Se vuoi viaggiare tranquillamente, ________________ il treno. — prendere / prendi / prendete
7. Se sei stanco, ________________ un bagno caldo. — fa' / fare / fate
8. Se ami la natura, non ________________ rifiuti nei prati. — lasci / lasciare / lasciate

A3 4 PAESI DEL MONDO

Vervollständigen Sie die Sätze, und schreiben Sie die Ländernamen in die Kästchen. Die markierten Kästchen ergeben, hintereinander gelesen, den Namen eines Landes in Osteuropa.

Brasilia	è la capitale*	______ del ______
Washington		______
Bruxelles		______
Vienna		______
Berna		______
Stoccolma		______

* Hauptstadt

A4 5 UNA MADRE PREMUROSA[1]

Ci sono giornate belle . . . e giornate brutte

Completate.

Carlo, non ____________ (restare)
a casa oggi,
fuori ____________________,
________________ (andare) al mare
con Gabriella, così
____

Gabriella, vedo che
non stai bene, non ______________ (uscire),

______________ oggi.
Carlo, se vai fuori ______________ (prendere)
l'ombrello[2] perché
____

[1] fürsorglich [2] Regenschirm

A5 6 I ROSSI CI HANNO INVITATO.

Vervollständigen Sie den Dialog mit den fehlenden Pronomen.

~ Paolo, stasera siamo ospiti dei Rossi; che cosa ______________ portiamo?

≈ Alla signora Rossi piace molto il vino buono; perché non ______________ portiamo una bottiglia di Pinot?

~ Buona idea! E al signor Rossi?

≈ Lui legge molto; ______________ piace soprattutto[1] la satira politica . . .

~ Allora ______________ regaliamo[2] il nuovo libro di Stefano Benni[3], „Terra".

≈ Benissimo. Però ci sono anche i figli . . .

~ Per i figli non ci sono problemi; so che ______________ piace moltissimo la musica.

______________ possiamo regalare un disco di Lucio Dalla.

[1] vor allem [2] schenken [3] bekannter Journalist, schreibt hauptsächlich politische Satire.

A6 7 TI È PIACIUTO?

Vervollständigen Sie die Dialoge mit den passenden Pronomen und den Formen von „piacere" im passato prossimo.

1. ~ Allora Maria, ______________ l'ultimo[1] film di Fellini?

   ≈ No, non ______________.

2. ~ Signora, ______________ Roma?

   ≈ Oh sì, Roma ______________ moltissimo.

   ~ Che cosa ______________ di più?[2]

   ≈ Il Colosseo.

3. ~ Klaus, ______________ la cena ieri sera?

   ≈ Gli spaghetti ______________ molto, ma i calamari[3] non ______________.

4. ~ Ragazzi, ______________ la Toscana?

   ≈ Sì. Firenze ______________ moltissimo, ma anche Lucca e Siena ______________.

[1] den letzten [2] am meisten [3] Tintenfische

A6 8 „DA", „FA" O „FRA"?

a) Setzen Sie ein.

Viareggio 13/8/84

Cara Barbara,

mi trovo in Italia già ___ tre settimane, ma solo due giorni ___ ho avuto il tuo nuovo indirizzo dai tuoi genitori. Come stai? Io sto benissimo! ___ quasi una settimana sono a Viareggio, faccio tanti bagni e sono già abbronzata[1]. Il tempo è bellissimo e fa molto caldo. Tre giorni ___, in spiaggia ho conosciuto una ragazza molto simpatica. Si chiama Martina e studia il tedesco ___ un anno. Così parliamo un po' tedesco e un po' italiano. ___ due o tre giorni vogliamo andare insieme a Firenze a vedere gli Uffizi. Ti ricordi[2] che ci siamo conosciute proprio agli Uffizi? Sai ___ quanto tempo non ci vediamo? ___ 2 anni. Come passa[3] il tempo! Perché non mi vieni a trovare qui a Viareggio? Io ritorno in Germania solo ___ 10 giorni. Adesso ti saluto perché ___ un quarto d'ora il tabaccaio chiude[4] e devo ancora comprare il francobollo. Ciao Brigitte

[1] braun [2] erinnerst du dich [3] vergeht [4] der Tabakhändler schließt

b) Vero o falso?

	V	F
1. Brigitte è in Italia da una settimana.	☐	☐
2. Barbara abita con i suoi genitori.	☐	☐
3. A Viareggio c'è il sole e fa caldo.	☐	☐
4. Al mare Brigitte ha conosciuto una ragazza tedesca.	☐	☐
5. Due giorni fa Brigitte e Martina sono state a Firenze.	☐	☐
6. Brigitte e Barbara si conoscono da 4 anni.	☐	☐
7. Brigitte resta al mare ancora 10 giorni.	☐	☐

B 9 IDEE DIVERSE

Setzen Sie den Dialog richtig zusammen.

a) Dove andiamo in vacanza quest'anno? 1

b) Ma come! Non andiamo in vacanza in luglio? ______

c) Ci sono dei posti tranquilli anche al mare. In Sardegna per esempio. ______

d) Ma siamo stati in montagna anche l'anno scorso[1]. ______

e) Possiamo prendere l'aereo. Ti va l'idea? ______

f) Allora è meglio andare in montagna perché in agosto al mare c'è veramente troppa gente. ______

g) È vero, ma il viaggio è faticoso, bisogna stare un giorno in nave.[2] ______

h) Quest'anno andiamo in montagna. ______

i) Sì, ma io ho bisogno di riposo[3] e al mare c'è sempre tanta gente. ______

j) Mah, vediamo, da qui ad agosto c'è ancora tanto tempo. ______

k) No, quest'anno devo prendere le ferie in agosto. ______

[1] letztes [2] Schiff [3] Ausruhen, Erholung

B 10 PRENOTARE UNA CAMERA

CO.AL.CE

CO.AL.CE
Commissionaria
Albergatori
Cervere
I-48015 Cervia
Piazza A. Costa, 13

Siamo una famiglia di quattro persone e cerchiamo una pensione di terza categoria a Milano Marittima per il mese di luglio. La desideriamo vicino al mare, con un po' di verde intorno[1] e con posto per il cane. Abbiamo bisogno di due camere doppie con servizi privati e di un posto per la macchina. Se possibile[2], preferiamo una camera con telefono. Per favore, inviatoci[3] gli indirizzi degli alberghi ancora liberi che possono andar bene per noi.
In attesa[4] di Vostre informazioni, Vi ringraziamo ed inviamo
Cordiali Saluti Familie Weller

[1] (rings)herum [2] möglich [3] Senden Sie uns [4] in Erwartung

a) *Welches der unten angegebenen Hotels entspricht den Vorstellungen der Familie Keller?*

SPIEGAZIONE DEI SIMBOLI
ZEICHENERKLÄRUNG
EXPLIQUATION DES SIGNES
EXPLANATION OF SYMBOLS

Categoria / Kat.	Cat. / Class
Nr. letti / Betten	Lits / Beds
Distanza dal mare / Mt. vom Strand entfernt / Distance de la mer / Distance from the sea-side	
Telefono / Telephon	Téléphon / Telephon
Citofono / Haustelephon	Interphon / Intercom.
Ascensore / Fahrstuhl	Ascenseur / Lift
Bar / Bar	Bar / Bar
Tavernetta / Tavernette	Tavernetta / Tavernetta
Solarium / Solarium	Solarium / Solarium
Giardino / Garten	Jardin / Garden
Parcheggio / Autoparkplatz	Parking / Parking
Piscina / Schwimmbad / Piscine / Swimming pool	
Riscaldamento / Zentralheizung / Chauffage / Heating	
Aria condizionata / Klimaanlage / Air climatisé / Air conditioning	
Tennis / Tennis	Tennis / Tennis court
Servizi privati / Privatduschen / Douche et toilette privé / Private shower	
Si accettano i cani / Hunde sind im Hotel erlaubt / On accepte les chiens / Dogs allowed	
Spiaggia privata / Privatstrand / Plage privée / Private beach	
Sauna / Sauna	Sauna / Sauna

(43)
HOTEL
IDEAL
48016 MILANO MARITTIMA
VIALE E. TOTI 3
TEL. (0544) 992029

3^a	70	150 m.			
			39		

(29)
HOTEL
VELA
48016 MILANO MARITTIMA
VIALE 2 GIUGNO 130
TEL. (0544) 991327

3^a	83	100 m.			
			42		

(27)
PENSIONE
SUISSE
48016 MILANO MARITTIMA
VIALE 2 GIUGNO 132
TEL. (0544) 991350

PENSIONE 3^a	39	100 m.
15		

b) *Schreiben Sie jetzt einen Brief an das Hotel und reservieren Sie 2 Doppelzimmer mit Bad vom 3. Juli bis zum 21. Juli (dal . . . al . . .). Schreiben Sie auch, daß Sie einen Abstellplatz für das Auto brauchen und daß Sie Ihren Hund mitbringen.*

imbarco
ELBA
CAPRAIA
Toremar
NAV.AR.MA.
BASTIA
corsica ferries
BASTIA
Sardinia ferries
OLBIA
P.to TORRES
CAGLIARI
tirrenia
navigazione
PALERMO
GRANDI TRAGHETTI
NOLEGGIO
Patini
Pedalò
Windsurf
Ombrelloni
Sdraio
Cabine
Barche a Remi
spiaggia libera

A1 → A2

1 ALLA STAZIONE DI FIRENZE

Es ist 7 Uhr 30 morgens. Sie sind am Bahnhof von Florenz und wollen nach Siena fahren, um dort den Tag zu verbringen. Sie erkundigen sich bei der Auskunft.
Bringen Sie die Gesprächsteile in die richtige Reihenfolge.

A2 2 PAROLE INCROCIATE

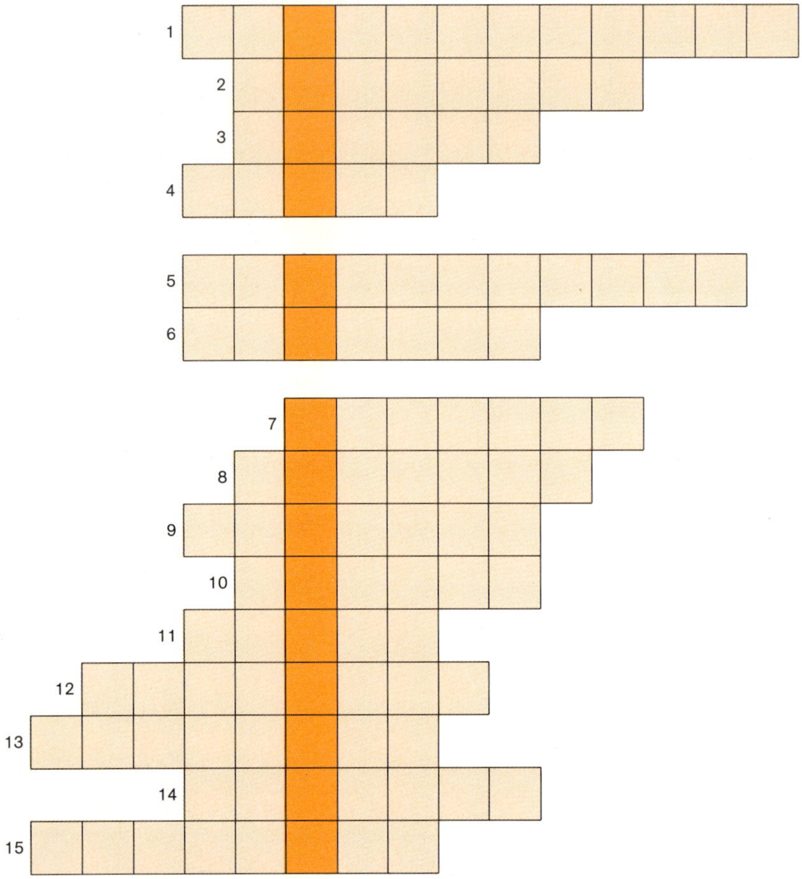

1 Per sapere qualcosa vado all'ufficio . . .
2 Per andare a Perugia bisogna . . . a Terontola.
3 Diretto da Livorno è in . . . sul primo binario.
4 A che ora parte il prossimo . . . per Roma?
5 A Terontola c'è subito la . . .
6 La posso aiutare a portare le . . . ?
7 Da quale . . . parte il treno per Milano?
8 Un biglietto di andata e . . . per Perugia, per favore.
9 Scusi, dov'è il deposito . . . ?
10 Due biglietti di seconda . . . , per favore.
11 Un biglietto di . . . classe.
12 È in . . . dal secondo binario treno locale per Frascati.
13 Vorrei prenotare una . . . sul treno delle 22 per Bari.
14 Espresso da Roma viaggia con circa 15 minuti di . . .
15 Scusi, per andare alla . . . ?

Che cosa dice Mario?
– Il treno parte fra 5 minuti e io devo ancora ______________________________

Die Lösung finden Sie in den markierten Kästchen.

A1 → A2 3 UN TRENO PER UDINE

Sie sind in Mailand. Ein Freund lädt Sie ein, ihn in Udine zu besuchen. Sie erkundigen sich nach den Zugverbindungen.

Lei: Domani vorrei andare a Udine. Mi sa dire che treni ci sono nel pomeriggio?

L'impiegato: Dunque, c'è un diretto che parte da Milano alle 15.30, però deve cambiare a Mestre.

Lei: C'è subito la coincidenza a Mestre?

L'impiegato: Vediamo . . . Lei arriva a Mestre alle 17.15 e riparte alle 18.15. No, deve aspettare un'ora.

Lei: E a che ora arrivo a Udine?

L'impiegato: Arriva alle 21.00.

Lei: Non c'è un altro treno?

L'impiegato: Sì, sì. C'è un espresso alle 18.30 che arriva a Udine alle 23 oppure[1] c'è un rapido alle 19.30 che arriva a Udine alle 22.30, ma ha solo la prima classe.

[1] oder

a) *Während dieses Gesprächs notieren Sie die erhaltenen Angaben auf einen Zettel:*

b) Mit diesem Zettel in der Hand rufen Sie Ihren Freund (Paolo) an, um ihm die genaue Ankunftszeit mitzuteilen. Sie haben sich nämlich für den ESPRESSO *entschieden. Ergänzen Sie den Dialog.*

Paolo: Pronto?

Lei: Ciao, Paolo, sono Hans.

Paolo: Ciao, Hans. Allora, a che ora arrivi domani sera?

Lei: ______________________________

Paolo: Ah, così tardi? Non c'è un treno che arriva prima?

Lei: ______________________________

Paolo: Ah, capisco, allora è meglio l'espresso. A che ora hai detto che arriva a Udine?

Lei: ______________________________

Paolo: Va bene, allora ci vediamo domani sera alla stazione!

c) *Nach diesem Telefongespräch gehen Sie zum Fahrkartenschalter.*

Sie verlangen eine Fahrkarte zweiter Klasse nach Udine. ~ ______________________________

≈ Andata e ritorno?

Sie sagen, daß Sie nur eine einfache Fahrt wollen und fragen nach dem Preis. ~ ______________________________

≈ Sono 11.000 lire.

Sie fragen, von welchem Bahnsteig der Zug abfährt. ~ ______________________________

≈ Dal binario 3.

Sie bedanken sich. ~ ______________________________

A4 4 SUPERLATIVI

Setzen Sie die Satzteile richtig zusammen.

Hanna Schygulla è l'attrice tedesca	più comodo per viaggiare
Roma è la città	più moderni delle Ferrovie dello Stato
I TEE sono i treni rapidi	più famosa in Italia
L'aereo è il mezzo	più grande d'Italia
Il treno è il mezzo	più veloce per viaggiare
L'estate è la stagione	più famosa della città
Il duomo di Milano è la chiesa	più calda dell'anno

A5 5 IMPERATIVO

Ergänzen Sie die Sätze mit folgenden Verben:

fare / controllare / prendere / continuare / guardare / chiedere / aiutare / prenotare / partire / ascoltare.

1. Giorgio va al distributore di benzina e dice al benzinaio[1]:

   ____________________ il pieno e ____________________ l'olio, per favore.

2. Maria chiede a un vigile dov'è la stazione. Il vigile dice: ____________________

   la prima strada a destra e poi ____________________ sempre dritto.

3. Paolo chiede a un facchino[2] a che ora parte il treno per Modena. Il facchino risponde: Non lo so,

   ____________________ il tabellone o ____________________ all'ufficio informazioni.

4. Alla stazione una vecchia signora dice a Franco: Mi ______________ a portare le valigie, per favore.

5. Una signora chiede a Giorgio dov'è il duomo. Giorgio risponde: Mi dispiace, non lo so,

   ____________________ a un vigile.

6. L'impiegato dell'ufficio informazioni dice a Anna: Se vuole viaggiare di notte,

   ____________________ la cuccetta.

7. Paola dice alla sua vicina[3] di casa: Se va in vacanza non ____________________

   il primo giorno di ferie e se va in macchina ____________________ sempre le informazioni di „Onda verde".

[1] Tankwart [2] Gepäckträger [3] Nachbarin

A5 6 LE RACCOMANDAZIONI[1] DELLA MAMMA

Paolo, 12 Jahre, fährt zum ersten Mal allein mit dem Zug in Ferien. Die besorgte Mutter gibt ihm Ratschläge und schreibt sicherheitshalber alles auch auf. Hier in Stichworten, was sie dem Sohn nochmals empfehlen will:

- Am Bahnhof: Fahrkarte lösen und fragen, von welchem Gleis der Zug abfährt.
- Im Zug: etwas essen!
- Nach der Ankunft: anrufen!
- Am Meer: nicht zu lange in der Sonne bleiben.
- Abends: nicht zu spät ins Bett gehen!

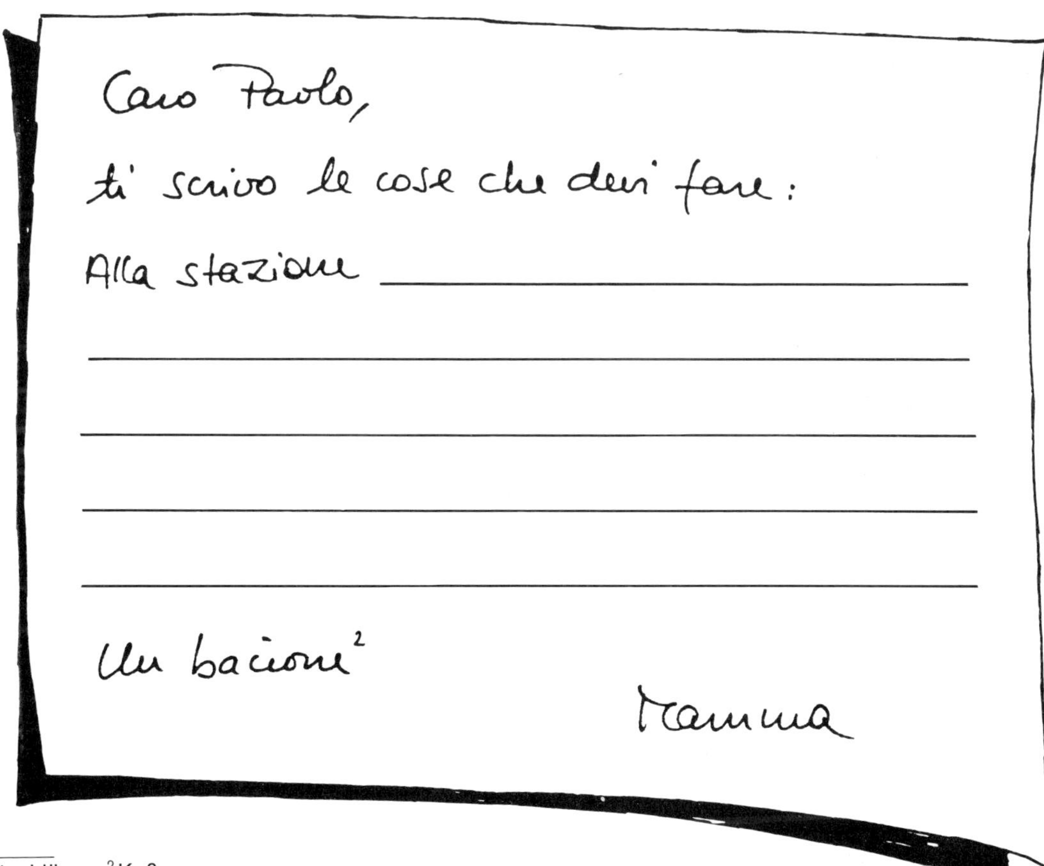

[1] Ratschläge [2] Kuß

A5 7 A TORINO

Sie befinden sich in Turin. Folgen Sie den Wegbeschreibungen und ergänzen Sie den Text anhand der Legende.

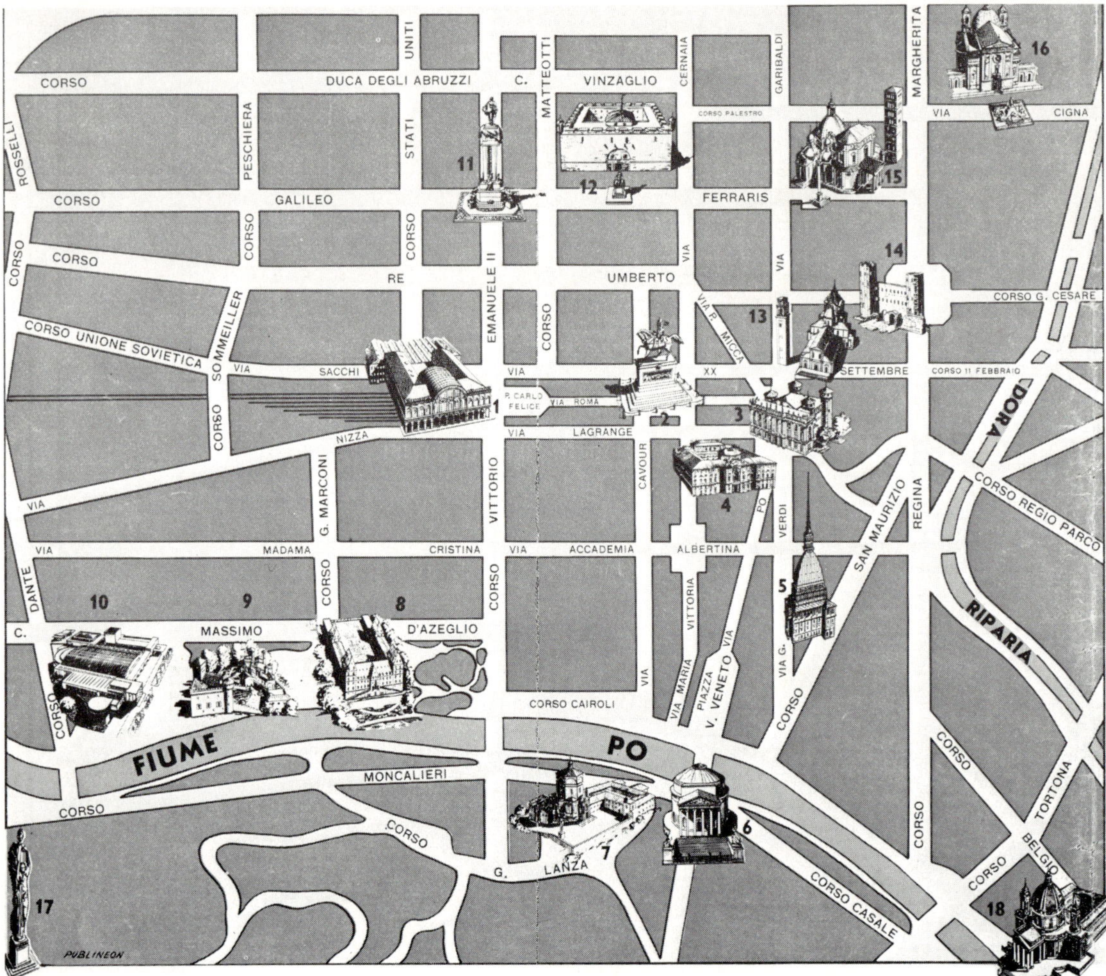

1 Stazione Porta Nuova
2 Monumento a Emanuele Filiberto (Piazza S. Carlo)
3 Palazzo Madama (Piazza Castello)
4 Palazzo Carignano
5 Mole Antonelliana
6 Gran Madre di Dio
7 Monte dei Cappuccini
8 Castello del Valentino
9 Borgo e Castello Medioevale
10 Palazzo delle Esposizioni
11 Monumento a Vittorio Emanuele II
12 Mastio della Cittadella
13 Duomo e Cappella della S. Sindone
14 Porta Palatina
15 Santuario della Consolata
16 Santuario di Maria Ausiliatrice

Lei è al Palazzo delle Esposizioni[1]. Adesso prenda via Massimo d'Azeglio, vada sempre dritto, poi giri a sinistra per corso Vittorio Emanuele, al secondo incrocio giri a sinistra e lì vede . . .

Adesso prenda via Lagrange, continui sempre dritto fino a Palazzo Madama, poi giri a sinistra e prenda via Garibaldi. Continui sempre dritto, al terzo incrocio giri a sinistra per via Ferraris, passi l'incrocio ed è subito . . .

Adesso torni indietro[2] e all'incrocio giri a destra per via Cernaia, continui sempre dritto fino a piazza San Carlo dove si trova il monumento[3] a Emanuele Filiberto, lì giri a sinistra per via XX Settembre, prenda poi la prima strada a destra e continui fino a piazza Castello, attraversi la piazza e continui sempre dritto per via Verdi, passi il primo incrocio e dopo cento metri alla sua sinistra vede . . .

Appena fuori vada a sinistra e continui sempre dritto fino al fiume[4], poi giri a destra e vada dritto fino all'incrocio con corso Vittorio Emanuele. Lì giri a destra e poi subito a sinistra, passi il Castello del Valentino e il Borgo Medievale[5] e davanti[6] a Lei, sulla sinistra vede . . .

[1] Ausstellungen [2] zurück [3] Denkmal [4] Fluß [5] mittelalterliches Stadtviertel [6] vor

A6 8 CRUCIVERBA

V = verticale (senkrecht)

V 1  divieto di . . .

V 2 

V 3 Con un . . . al motore è meglio fermarsi.

V 7  divieto di . . .

V 8 Auto

V 11+015 Trasmissione radio sulla situazione del traffico.

V 12 Prima di partire con la macchina per un viaggio lungo, è meglio fare il . . .

0 = orizzontale (waagrecht)

04 

05 Sulle autostrade italiane bisogna pagare il . . .

06  divieto di . . .

010 

013 Posto dove bisogna pagare il pedaggio.

014 Può succedere anche se non lo vogliamo.

016+V 9 Per fare benzina bisogna andare ad una . . .

017 Quando c'è traffico intenso molte volte c'è un . . .

B 9 VERBI

B	R	A	S	A	L	G	O	N	O
V	E	L	A	S	I	S	T	S	N
I	A	D	L	C	I	M	A	S	O
L	O	L	G	E	A	I	D	C	G
A	E	D	O	L	I	S	E	E	L
S	A	L	I	T	O	A	T	G	E
D	A	N	N	O	T	U	A	L	C
T	T	O	O	M	A	I	D	I	S

Im Kasten sind weitere Formen versteckt, und zwar von den Verben dare (6 Formen), salire (5 Formen) und scegliere (3 Formen). Sie sind von links nach rechts, von rechts nach links, von oben nach unten und von unten nach oben geschrieben.

Die übrigbleibenden Buchstaben ergeben, von links nach rechts und von oben nach unten gelesen, ein Kompliment für Sie: ____________________

B 10 LE FERIE DEGLI ITALIANI

Vervollständigen Sie den Text mit den passenden Präpositionen.

__________ mese di agosto la maggior parte[1] __________ italiani va in ferie; __________ città rimangono solo i turisti stranieri. In quei[2] giorni __________ autostrade c'è molto traffico; __________ caselli ci sono lunghe code e bisogna passare molte ore __________ macchina per arrivare __________ mare o __________ montagna. Per evitare ingorghi, gli automobilisti possono ascoltare __________ radio un programma, „Onda verde", che dà informazioni __________ situazione del traffico. __________ alberghi __________ luoghi turistici più famosi si registra il tutto esaurito[3] e anche __________ campeggi[4] difficilmente si trova un posto libero.

Chi può scegliere liberamente il periodo __________ ferie, preferisce andare in vacanza __________ luglio. Pochi ancora, invece, quelli[5] che partono __________ mesi di giugno e settembre.

[1] der größte Teil, die meisten [2] *hier:* an diesen Tagen [3] ist alles ausgebucht [4] Campingplätze [5] diejenigen

1

prefettura
chiesa
s. lorenzo
cappelle
medicee
palazzo
medici
riccardi
chiesa di
s. marco
chiesa
ss. annunziata
P
museo
pietre dure
XII CORSO
«ENRICO CARUSO»
GINO BECHI

2
SANTA MARGHERITA
CATTEDRALE
MUSEI
P
parcheggio
ospedale
PT
posta
polizia
urbana

LIVORNO
SS 1
SS 67 BIS
FIRENZE

3

GENOVA
LIVORNO
A 12
ss 1 Aurelia

4

WILLKOMMEN in
BIENVENUS a
WELCOME to
BENVENUTI a
MCMXIV
Forte dei Marmi

5

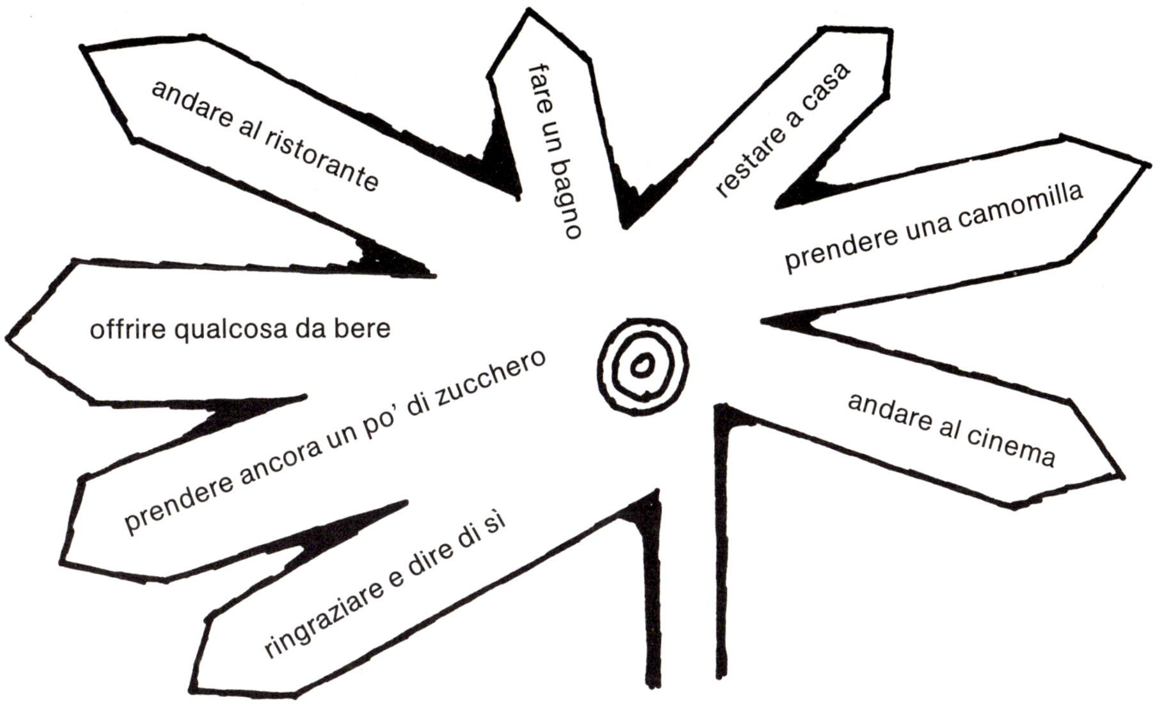

A1 1 CHE COSA SI FA?

Beantworten Sie die untenstehenden Fragen und sagen Sie, was „man" jeweils tut. Der obige Wegweiser hilft Ihnen dabei.

Che cosa si fa . . .

1. quando in casa c'è poco da mangiare? Si ______
2. quando ci sono degli ospiti? ______
3. quando il caffè è amaro? ______
4. quando piove? ______
5. quando c'è un film interessante? ______
6. quando di notte è difficile dormire? ______
7. quando al mare fa troppo caldo? ______
8. quando un amico simpatico ci invita a cena? ______

A3 2 CHIEDERE QUALCOSA

In einer Reihe von Situationen richten Sie verschiedene Bitten, Anfragen oder Aufforderungen an Ihre Mitmenschen. Formulieren Sie diese auf italienisch. Die neben den Situationsangaben stehenden Verben sollen Ihnen dabei helfen.

1. Sie sind in einem Restaurant und möchten 1/4 Liter Rotwein bestellen. Was sagen Sie zum Kellner?

   ______________________________ portare

2. Sie sind im Hotel und möchten am nächsten Morgen um 7 Uhr 30 geweckt werden. Was sagen Sie zum Portier?

   ______________________________ svegliare

3. Sie sind im überfüllten Autobus. Als dieser plötzlich bremst, treten Sie jemandem auf den Fuß. Was sagen Sie?

   ______________________________ scusare

4. Sie sind im Restaurant und haben fertig gegessen. Sie möchten zahlen und bitten den Kellner um die Rechnung. Was sagen Sie?

   ______________________________ fare il conto

5. Sie sind auf dem Markt und sehen schöne Kirschen. Sie verlangen 1 kg. Was sagen Sie?

   ______________________________ dare

6. Sie sind an einer Tankstelle, und da Sie gerade dabei sind, eine längere Fahrt anzutreten, möchten Sie, daß der Tankwart auch den Ölstand prüft. Was sagen Sie?

   ______________________________ controllare

7. Sie haben in Italien jemanden kennengelernt, mit dem/der Sie gern weiter in Kontakt bleiben möchten. Bei der Verabschiedung fordern Sie ihn/sie auf, Ihnen bald zu schreiben und Sie in Deutschland zu besuchen. Was sagen Sie?

   ______________________________ scrivere

   ______________________________ venire a trovare

A2 ↓ A4

3 CRUCIVERBA ILLUSTRATO

Die Buchstaben in den markierten Kästchen ergeben einen Zuspruch.

A2 → A4 4 FANTASIA DI PAROLE

scaloppine

arrosto

spaghetti

bicchiere

finocchi

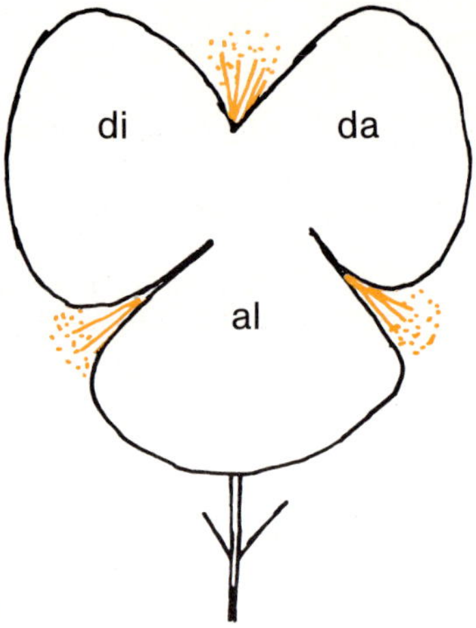

marsala

acqua

vino

pomodoro

vitello

burro

Bilden Sie aus den obigen Wörtern 10 zusammengesetzte Begriffe.

1. arrosto di vitello
2. ____________
3. ____________
4. ____________
5. ____________
6. ____________
7. ____________
8. ____________
9. ____________
10. ____________

A3 → A4 5 SCRABBLE

Tragen Sie in das Scrabble die passenden Formen von „sapere“ *und* „bere“ *ein.*

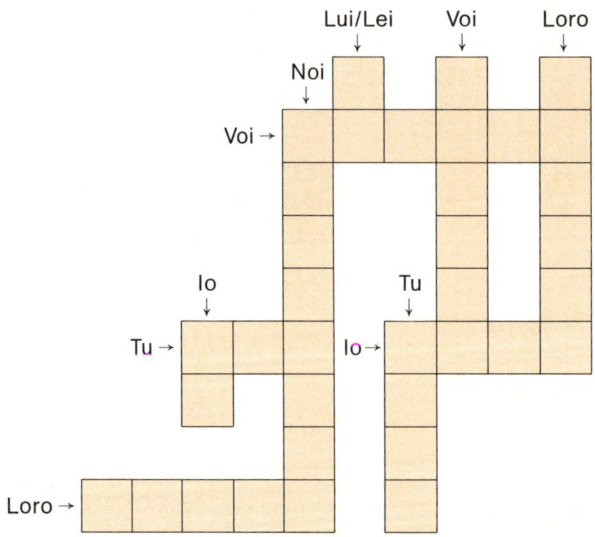

A3 → A4 6 LISTA DELLE VIVANDE

Sie sind im Sommer aushilfsweise Sekretärin in einem kleinen italienischen Hotel mit Restaurant. Der Küchenchef notiert Ihnen täglich auf einem Zettel die jeweils vorgesehenen Speisen, und Sie tragen die Gerichte unter den entsprechenden Rubriken auf die vorgedruckte Speisekarte ein.

antipasto misto – fritto misto – crema caramel – fagiolini – gnocchi al burro – frutta di stagione – insalata di mare – insalata mista – insalata verde – kiwi con gelato – macedonia di frutta – pollo arrosto – risotto alla marinara – sogliola fritta – scaloppine alla milanese – zuppa inglese – zuppa di pesce – tortellini alla chef – spaghetti alla carbonara.

Ristorante da ENZO

Antipasti

Primi piatti

Secondi piatti

Contorni

Formaggi assortiti
Frutta e dolce

Servizio compreso

A1 → A5

7 AL RISTORANTE

In einem gut besuchten italienischen Restaurant hören Sie nachstehende Gesprächsfetzen. Zu jeder Frage oder Bitte (Kästchen mit Zahlen) passen jeweils zwei Antworten (Kästchen mit Buchstaben). Ordnen Sie richtig zu.

1 ______, ______

2 ______, ______

3 ______, ______

4 ______, ______

5 ______, ______

6 ______, ______

7 ______, ______

a Ci porti mezzo litro di vino rosso e una bottiglia di acqua minerale.

b Sì, mi porti ancora un caffè.

2 Siamo in quattro, c'è posto?

c Piuttosto bene.

7 Desidera altro?

m No, grazie, mi porti il conto, per favore.

3 Come primo, che cosa prende?

e Un momento solo, per favore.

g Due birre.

f Prendo le penne all'arrabbiata.

1 Come si mangia da Gianni?

d Certo, lì c'è un tavolo libero.

h In questo momento, no. Riprovate fra una mezz'ora.

5 Sono per Lei i tortellini?

6 Cameriere, il conto, per favore!

n Sì, ma non al sugo; ho detto in brodo.

l No, io ho ordinato le penne.

i Male!

j Vengo subito.

k Mi porti mezza porzione di spaghetti al pomodoro.

4 Che cosa prendete da bere?

A5 8 IN UN NEGOZIO DI GENERI ALIMENTARI

Completate con di, dei, delle, dell'.

~ Desidera?

≈ Vorrei mezzo chilo ____________ fragole.

~ Mi dispiace, le fragole sono finite, ma ci sono ____________ more e ____________ lamponi buonissimi. Poi ho anche ____________ uva dolcissima.

≈ Allora mi dia tre etti ____________ questi lamponi.

~ Altro, signora?

≈ Sì, vorrei anche ____________ formaggio. Mi dia un po' ____________ gorgonzola. Ecco, così, va bene.

~ È tutto, signora?

≈ Sì, . . . ah no, mi manca anche il pane. Ha ancora ____________ panini?

~ Purtroppo no. Ma Le posso dare un pezzo ____________ pane integrale[1].

≈ Va bene. Adesso ho proprio tutto.

[1] Vollkornbrot

B 9 VOCABOLI

Completate.

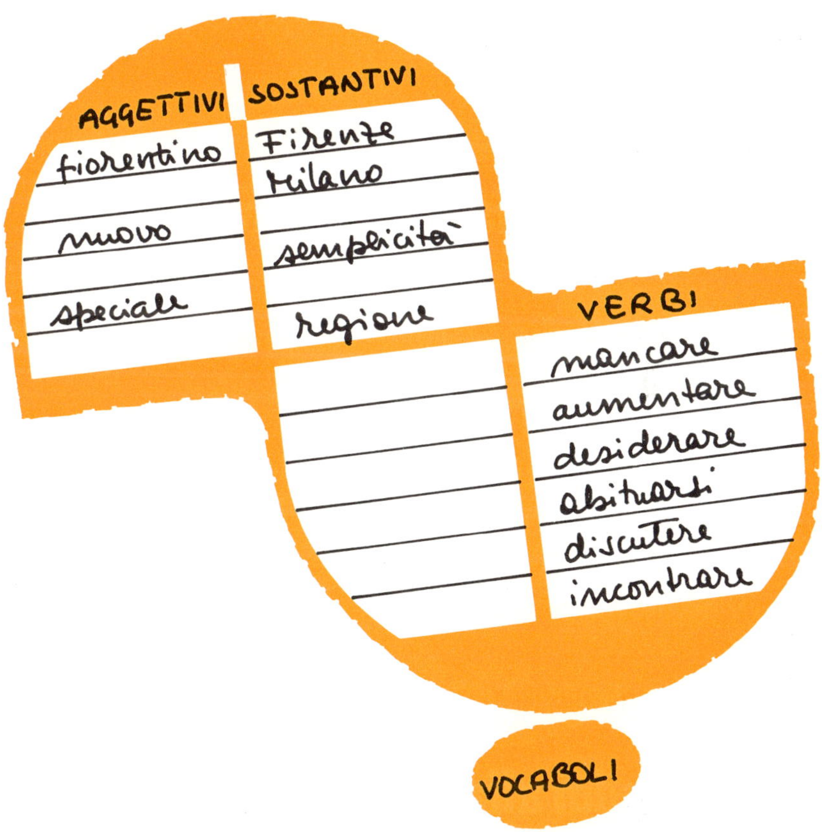

invece della solita pastasciutta "alla casalinga", che ne diresti di...

maccheroni alla napoletana...

cavatieddi alla siciliana...

agnolotti

bucatini

trenette

alla piemontese...

tortelli alla lombarda...

alla romana...

malloreddus alla sarda...

alla ligure...

lasagne verdi alla marchigiana...

A1 → A2

1 COME EMETTERE ASSEGNI[1]

Lei è a Firenze e compra molte belle cose che paga con assegni. In un negozio compra due paia di pantaloni che costano 84.000 lire, in un altro una gonna che costa 70.000 lire e una camicetta che costa 35.000 lire, in un terzo negozio una borsa che costa 58.000 lire e una valigia che costa 66.000 lire. Sui tre assegni Lei deve scrivere la somma[2] da pagare in lettere. La data è il 4 aprile 19 . .

[1] Schecks ausstellen [2] Betrag

A2 2 ALTA MODA

Sie dekorieren die Auslage eines Modegeschäftes und ordnen den Kleidungsstücken jeweils die entsprechenden Schildchen zu. Bei richtiger Reihenfolge ergeben die Kennbuchstaben der Schildchen einen in der Modebranche bekannten italienischen Namen.

A3 3 SCRABBLE

V 1 Colore fra (zwischen) il blu e il rosso.
V 2 In Scozia la portano anche gli uomini.
V 3 È di stoffa o di cuoio, la portano uomini e donne.
V 5 Fra il celeste e il blu.
V 6 Li portano uomini e donne perché sono molto comodi.
V 8 Abito in due pezzi: giacca e gonna o giacca e pantaloni.
V 9 È piena di abiti.
V 10 Si porta soprattutto da dicembre a marzo e quando fa molto freddo.
V 12 Può essere di lana, di seta o di cotone: la portano le donne.
V 14 Che . . . hai? – In Germania ho la 38 e in Italia la 40.
V 16 Quando fa molto caldo si può anche andare senza.
V 18 Materiale per scarpe, borse e cinture.

O2 Colore fra il bianco e il nero.
O3 Può essere grande o piccolo e si può portare in tutte le stagioni.
O4 Prodotto naturale che tiene (hält) molto caldo.
O7 Può essere da uomo e da donna e può essere parte di un completo.
O11 Le . . . italiane sono famose in tutto il mondo per la loro qualità e la loro eleganza.
O12 Prodotto naturale che tiene fresco.
O13 In . . . unita.
O15 Prodotto naturale piuttosto caro.
O17 Colore del sole.
O20+V 19 I pantaloni di . . . a . . . sono molto sportivi.
O21 Si mangia (in piccole quantità) e ha un colore fra il giallo e il marrone.
O22 Colore scuro. La moda lo preferisce per le stagioni fredde.

A4 4 PRONTO, CARLA?

Ihre Kusine Carla telefoniert in Ihrer Gegenwart mit Luisa. Sie hören natürlich nur die Antworten von Carla. Sie können aber erraten, was Luisa gefragt hat.
Ergänzen Sie das Gespräch, und benutzen Sie dabei die Fragewörter:
chi, che cosa, dove, quando, quanto, come.

Pronto, Carla? Sono Luisa.	– Ciao, Luisa.
______	– In città.
______	– Con Roberta.
______	– Ah, non lo sai? È mia cugina.
______	– Abbiamo cercato un regalo per Maurizio: domani è il suo compleanno.
______	– Un maglione.
______	– È grigio chiaro, di pura lana mohair.
______	– Da Armani.
______	– Non mi chiedere il prezzo, ti dico solo che è molto alto, per fortuna il compleanno viene una volta all'anno . . .
______	– Domani sera alle otto e mezza da Gianni, va bene?
______	– Ciao, Luisa.

A4 ↓ A5 5 È NUOVO QUEL MAGLIONE?

Ergänzen Sie mit den passenden Formen von „quello".

1. ~ Ciao, Anna, è nuovo ______ maglione? Che bello!

   ≈ Sì, l'ho comprato al mercato stamattina, a ______ banco[1] vicino all'edicola.

   ~ Quale?

   ≈ ______ dove ci sono ______ due ragazzi simpatici . . .

   ~ Ah, sì, adesso mi ricordo[2].

2. ~ Chi sono ______ ragazze?

   ≈ ______ con la gonna rossa è Patrizia, una mia collega, ______ altra è sua sorella.

3. ~ Guarda ______ stivali[3] come sono belli!

   ≈ Quali? ______ neri o ______ verdi?

   ~ ______ verdi.

[1] Stand [2] erinnere ich mich [3] Stiefel

A6 6 DOV'È RIMASTA LA VALIGIA?

Sie sind mit dem Flugzeug nach Rom geflogen, Ihr Koffer ist aber offenbar nicht mitgekommen. Sie erstatten eine Verlustanzeige und listen den Inhalt Ihres Koffers auf.

Il contenuto* della mia valigia:

Un paio di scarpe nere

---

* Inhalt

A6 7 IN UN NEGOZIO DI MODA

Ergänzen Sie den Dialog, indem Sie die Rolle des Kunden übernehmen.

~ Signora, desidera?

Sie sagen, Sie möchten die rote Cordsamthose aus dem Schaufenster anprobieren.

≈ ______________________________

____

~ Volentieri, signora.
Si accomodi pure in cabina.

Sie haben nicht genau verstanden, wo die Kabine sein soll, und fragen nach.

≈ ______________________________

~ In fondo[1] a destra, signora. Venga, L'accompagno io. Come vanno i pantaloni?

Sie sagen der Verkäuferin, daß sie Ihnen etwas zu eng erscheint und daß Sie sie eine Nummer größer probieren möchten.

≈ ______________________________

____

~ Mi dispiace, ma la taglia più grande, in rosso, non c'è più. C'è in verde o in nero.

Sie fragen, wie das Grün ist, hell oder dunkel.

≈ ______________________________

____

~ È un verde bottiglia, signora, molto elegante. Ecco, li provi pure!

Sie sagen, daß Ihnen diese Hose gut paßt, daß Ihnen aber die rote besser gefällt.

≈ ______________________________

____

~ In rosso Le posso far vedere un altro modello.

Sie haben keine Lust mehr, weitere Hosen anzuprobieren, und schlagen das Angebot aus.

≈ ______________________________

____

[1] (da)hinten

A6 8 I SALDI, CHE PIACERE!

Vervollständigen Sie den Text mit den Präpositionen „di" oder „da".

Oggi comincia la svendita[1]. Ci sono saldi a prezzi favolosi. Anche la signora Petruzzi, che abita fuori città, va in centro per fare acquisti[2]. Cerca un cappotto per suo marito, un paio ________ pantaloni per sua figlia e una gonna per se[3] stessa. Guarda soprattutto nelle vetrine dove ci sono abiti ________ uomo e ________ donna. In un negozio trova un gonna ________ 30.000 lire che Le sta benissimo e un cappotto ________ lana ________ 70.000 lire. In un altro negozio compra un paio ________ pantaloni ________ cotone ________ 25.000 lire che, anche se costano poco, sono ________ buona qualità. Poi vede una bella borsa ________ viaggio che costa solo 10.000 lire, non sa resistere[4] e la compra. Dopo un po' la signora Petruzzi ha fame[5]. ________ molto tempo non ha più mangiato la pizza. Va nella pizzeria „________ Franco" che si trova lì vicino. Ordina una pizza quattro stagioni, mezzo litro ________ vino rosso e una bottiglia ________ acqua minerale. Il cameriere le porta subito ________ bere. Poi arriva anche la pizza che è molto buona. Dopo la pizza la signora Petruzzi prende anche un caffè. Quando si alza per uscire è già abbastanza tardi. Per tornare a casa ________ centro prende l'autobus che parte ________ stazione. La signora Petruzzi è molto contenta ________ sua giornata: ha comprato qualcosa ________ bello, ha mangiato bene e non ha speso tanto.

[1] Ausverkauf [2] Einkäufe machen [3] sich [4] widerstehen [5] Hunger

A6 9 QUESTO O QUELLO?

Vervollständigen Sie die Dialoge mit den Formen von „questo" *und* „quello" *und den Verbformen von* „piacere" *und* „comprare".

B1 → B2

10 ISTRUZIONI DA SEGUIRE

Ergänzen Sie die fehlenden Pronomen und Verben in der nachstehenden Waschanleitung.

pulire a secco

lavare a mano

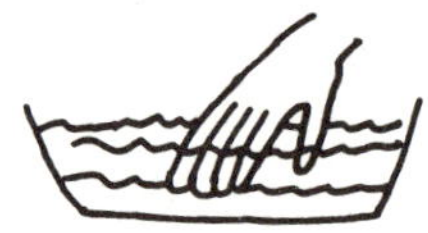

stirare con ferro tiepido[1]

Cara signora,

per conservare[2] l'alta qualità del prodotto e la lucentezza[3] dei colori, La preghiamo di seguire i seguenti consigli: faccia ________ pulire a secco questo prodotto o ______ ____________ a mano a 30°.

Non ________ ____________ al sole o vicino al riscaldamento.

Se necessario, ______ ________ con ferro tiepido.

FIMODA
Firenze

---

[1] lauwarm bügeln [2] erhalten [3] Glanz

B2 11 DIVISA NUOVA PER LE VIGILESSE ROMANE

a) *Lesen Sie den nachstehenden Originaltext, und versuchen Sie, den Inhalt zu verstehen, ohne jedes einzelne Wort zu kennen. Einige Worterklärungen helfen Ihnen dabei.*

vestire – (be)kleiden
voltare – umdrehen, *hier:* Aufmerksamkeit erregen
perdonare – verzeihen
la multa – Geldstrafe
il merito – Verdienst
incaricare – beauftragen
la divisa – Uniform
rigoroso – streng

Gucci e Fendi vestono le vigilesse di Roma

Adesso le vigilesse di Roma, non solo fanno voltare tutti per la loro eleganza, ma si fanno anche perdonare le multe... Tutto il merito è dell'Assessorato alla polizia urbana del comune che ha avuto la brillante idea di incaricare due famose case di moda di „vestire" le donne vigili. Sono così nate le nuove divise „firmate" da Fendi e „accessoriate" da Gucci. Fendi ha ideato la linea rigorosa, classica ed elegante delle divise; Gucci ha realizzato borse, scarpe e giubbotti di pelle.

Le divise estiva e invernale delle vigilesse romane.

b) *In der linken Spalte finden Sie weitere Ausdrücke, die im Text vorkommen. Versuchen Sie herauszufinden, welchen Ausdrücken in der rechten Spalte sie bedeutungsmäßig entsprechen. Lesen Sie den Text sodann nochmals.*

la vigilessa	il cuoio
il comune	la giacca
realizzare	la città
il giubbotto	la donna vigile
	fare
ideare	aggettivo di: estate (giugno, luglio, agosto)
estivo	
invernale	aggettivo di: inverno (dicembre, gennaio, febbraio)
la pelle	progettare, inventare

c) *Was sagt der Text? Kreuzen Sie an.*

	Sì	No
1. Le nuove divise delle vigilesse romane sono poco eleganti.	☐	☐
2. Ci sono due tipi di divise, una per l'estate e una per l'inverno.	☐	☐
3. Gucci e Fendi hanno dovuto pagare una multa, perché le loro divise hanno fatto scandalo.	☐	☐
4. Le borse, le scarpe e i giubbotti di pelle sono firmati da Fendi.	☐	☐
5. Le vigilesse romane hanno ricevuto una nuova divisa su iniziativa dell'Assessorato alla polizia della città di Roma.	☐	☐

2

biancheria

la boutique
della sposa
Patrizia
1

SARTORIA E CONFEZION
3

MUTANDA LUNGA
ANICA LUNGA
100% PURA LANA
L. 5.000
PURA-LANA
DONNA
L. 4.000
Maglie Uomo
4

5

A1 1 CHI È?

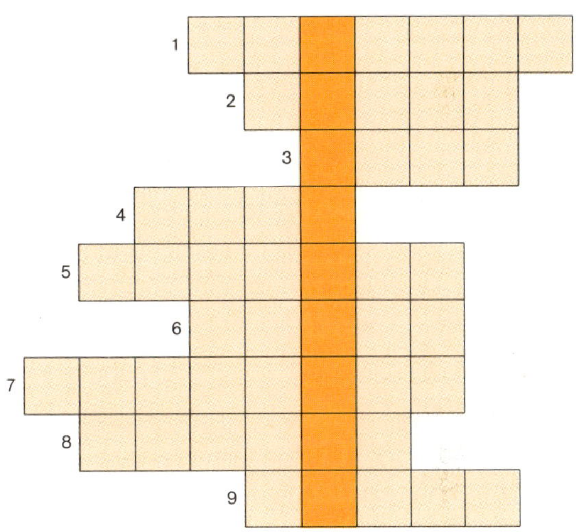

Die markierten Kästchen ergeben das Lösungswort.

A1 → A2 2 PARTIAMO PER LE VACANZE.

Ergänzen Sie Sergios Antworten.

1. Sergio, hai controllato l'olio prima di partire?
2. Hai preso tu le chiavi di casa?
3. Hai cambiato i soldi?
4. Hai preso anche la macchina fotografica?
5. Hai comprato i panini per il viaggio?
6. Hai salutato il nonno?

a) Sì, ______________________

b) No, ______________________,
le devi avere tu.

c) Sì, ______________________

d) Sì, ______________________

e) Sì, ______________________

f) No, ______________________
perché non ho avuto tempo.
Gli scriviamo una cartolina dalle vacanze.

A4 3 LETTERA AD UN'AMICA

Ergänzen Sie den Brief und setzen Sie die entsprechenden Formen des Konditionals ein.

Brescia, 15/6/1984

Cara Claudia,
fra poco cominciano le ferie e non sappiamo ancora dove andare. Mio marito __________ volentieri in quel posto di montagna vicino a Trento, dove siamo stati anche altre volte. Lui ama il silenzio, i boschi, la natura. Io __________ il mare e __________ tornare a Viareggio per rivedere gli amici dell'anno scorso[1]. A Gino invece __________ fare un corso di lingua in Francia. Ne __________ bisogno perché, sai, ha un po' di problemi a scuola. D'altra parte[2], per la sua salute, gli __________ bene l'aria[3] di mare e a Viareggio __________ praticare vari sport. Come vedi, non abbiamo ancora deciso niente. E tu, che programmi hai? Forse __________ fare qualcosa insieme!? Scrivimi presto.

Cari saluti Francesca

tornare
preferire/volere
piacere
avere
fare
potere
potere

[1] letztes [2] andererseits [3] Luft

A4 4 AL TUO POSTO . . .

Ergänzen Sie die Antworten und verwenden Sie dabei die Formen des Konditionals.

[1] gewonnen [2] Teil

A5 5 PARLIAMO DI SALUTE.

a) *Ergänzen Sie den Text mit den Pronomen „la" und „ne".*

La natura ___ produce[1]

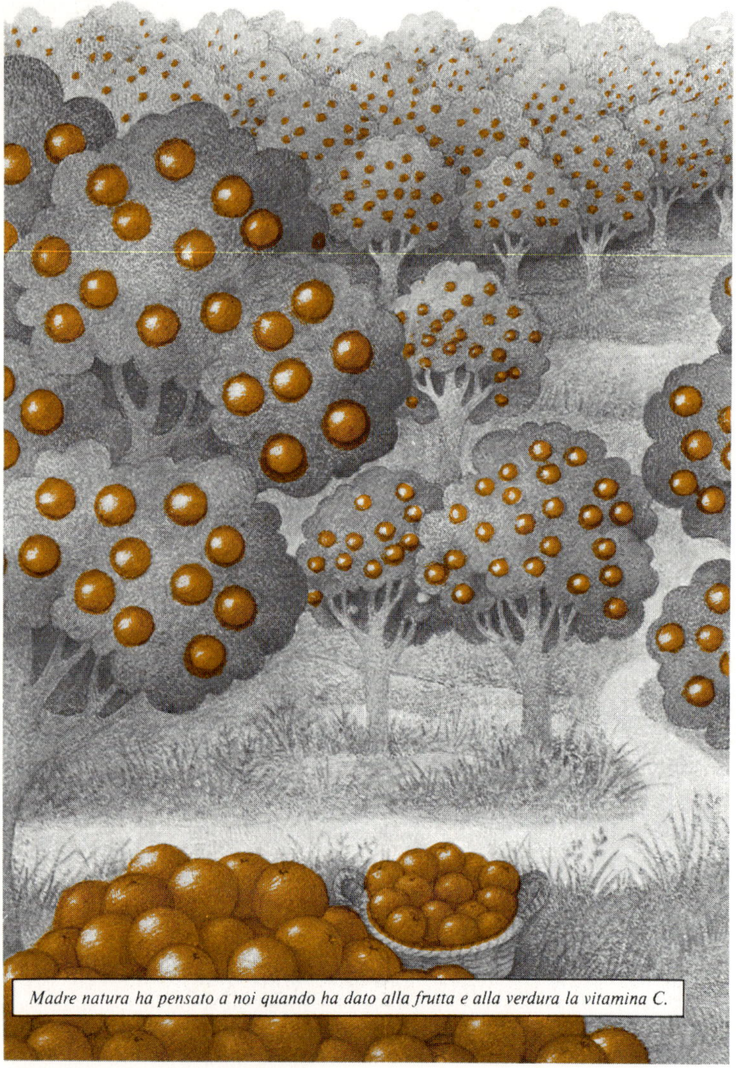

Cebion® ti aiuta.

Tu ___ puoi trovare in Cebion

La vitamina C è quella vitamina che l'organismo umano[2] non può produrre da solo. Ma noi ________ abbiamo bisogno, e la nostra alimentazione[3] non sempre ________ contiene[4] abbastanza.

Allora la vitamina C ________ trovi in Cebion. Cebion è vitamina pura. Anche il tuo organismo ________ può avere bisogno.

Cebion compresse, granulato all'arancia e gocce per bambini.

[1] erzeugt [2] menschlich [3] Nahrung [4] enthält

b) *Beantworten Sie die Fragen.*

- L'organismo umano ha bisogno di vitamina C? ____________________
- L'uomo la produce da solo? ____________________
- La nostra alimentazione è molto ricca di vitamina C? ____________________

A5 → A6 6 NE, NIENTE, NESSUNO

Ergänzen Sie die Antworten.

1. Hai dei dischi di Celentano? – Sì, ________________ ho ________________ .
2. Vuoi mangiare qualcosa? – No, ________________ mangiare ________________ .
3. Guardi che ciliegie, signora! – Sì, sono belle davvero. ________________ prendo ________________ .

4. È venuto qualcuno? – No, ________________ venuto ________________ .
5. Ha qualcosa contro la tosse? – Sì, questo sciroppo è buonissimo. ______________________________ dopo i pasti.

6. Hai visto qualcosa? – No, ______________________________ .

B 7 AGGETTIVO O AVVERBIO?

completo – probabile – leggero – tranquillo

Setzen Sie obige Adjektive ein, und bilden Sie, wo nötig, die entsprechenden Adverbformen.

1. Il prezzo della benzina anche quest'anno è ________________ aumentato.
2. Vorrei prenotare una camera singola con pensione ________________ dal 1° al 20 luglio.
3. Oggi fa caldo, mettiti un vestito ________________ .
4. Non vedo Maria da una settimana. ________________ è malata.
5. Mia moglie non sta bene, non sono ________________ .
6. Viene anche Carlo stasera? – Non lo so, ma è ________________ .
7. Ma perché non ti compri un cappotto nuovo? Il tuo ormai è ________________ fuori moda.
8. Bevi il tuo caffè ________________, il treno non è ancora arrivato.

B 8 LA PAROLA CHE NON VA

Suchen Sie in den folgenden Wortgruppen jeweils das Wort heraus, das nicht zu den anderen paßt, und schreiben Sie den zweiten Buchstaben des betreffenden Wortes in die Kästchen. Die Buchstaben ergeben, hintereinander gelesen, den Namen einer „wohltuenden" Einrichtung.

1. ☐	2. ☐	3. ☐	4. ☐	5. ☐
psicoterapia	bronchite	fumo	del tutto	occhi
agopuntura	salute	pastiglie	completamente	spalle
ipnosi	raffreddore	capsule	interamente	viso
ospedale	tosse	gocce	unico	pollice
training autogeno	cancro	compresse	per sempre	bambola

B 9 LEGGERE E CAPIRE

Lesen Sie die vier Anzeigen und beantworten Sie folgende Fragen:

1. Drei der folgenden Anzeigen haben mit der Gesundheit zu tun. Welche? ______
2. Welche Anzeige bezieht sich u. a. auf die Beständigkeit und die Umweltfreundlichkeit eines Materials? ______
3. Welche spricht die Ernährung an? ______
4. Welche wendet sich an ein weibliches Publikum? ______

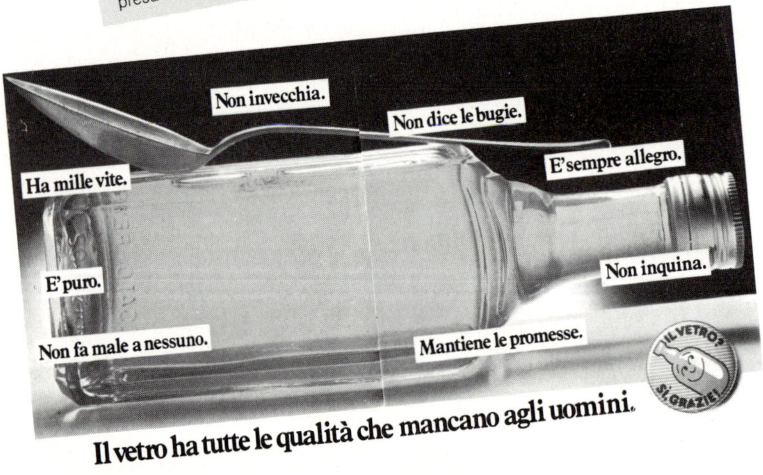

B 10 CREPEREIA

Crepereia Tryphaena, la giovane romana morta diciotto secoli[1] fa, è tornata a Roma, nella città che per quasi duemila anni ha conservato il suo sepolcro[2], la sua bambola e i suoi gioielli[3]. Dopo essere stata a Milano e a Torino, la mostra si trova adesso a Roma, in Campidoglio.

Anche qui, come a Milano e a Torino, la gente fa la coda per vedere i resti della giovane, vissuta[4] ai tempi della Roma imperiale. Il suo sepolcro è stato ritrovato il 10 maggio 1889 nel quartiere Prati[5], insieme a quello di Crepereius Euhodus, probabilmente il padre della giovane.

Dopo il restauro Crepereia, la sua bambola e i suoi gioielli sono rimasti in un deposito[6] dei Musei Capitolini e soltanto un anno fa il pubblico ha avuto la possibilità di vederli per la prima volta.

Si sa che la giovane, alta circa 152 cm, è morta a 17–19 anni. Non conosciamo la causa[7] della sua morte, ma la ghirlanda di mirto sui capelli indica che Crepereia è stata sepolta[8] con il suo abito da sposa: forse è morta proprio prima del suo matrimonio e questo spiegherebbe anche la presenza[9] della bambola, regalo delle giovani spose romane a Venere.

Ma nessuno può rispondere alle mille domande che nascono spontanee sulla vita e sulla morte di Crepereia, e la gente che fa la coda per vedere la mostra, pensa in silenzio alla storia di una giovane, ancora bambina, vissuta duemila anni fa e morta troppo presto.

[1] Jahrhunderte [2] Grab [3] Juwelen [4] die zu den Zeiten . . . lebte [5] Stadtviertel in Rom [6] Lager [7] Ursache
[8] begraben [9] Vorhandensein

a) *Vero o falso?*

	V	F
1. La mostra di Crepereia è stata anche a Milano e a Torino.	☐	☐
2. A Roma moltissime persone vanno a vedere la mostra.	☐	☐
3. Dopo il restauro la gente ha avuto la possibilità di vedere Crepereia e la sua bambola.	☐	☐
4. Tutti gli anni le giovani spose romane regalano una bambola a Venere.	☐	☐

b) *Suchen Sie aus dem obigen Text die Wörter, die folgenden Erklärungen entsprechen.*

Quasi tutti i bambini ne hanno una: ____________________

Quello che rimane di una persona morta: ____________________

Si va a vedere perché è interessante: ____________________

Li mettono le donne: ____________________

Insieme di persone: ____________________

Si riceve sempre volentieri: ____________________

Si chiama così una donna che si sposa: ____________________

Il contrario della morte: ____________________

PROF. DOTT. FERENC UNGAR
ORTOPEDIA E TRAUMATOLOGIA
AMBULATORIO SALUS
PIANO PRIMO
PROF. DOTT. E. ARTIFONI
L. DOCENTE DI CL. OCULISTICA
NELL' UNIVERSITÀ DI FIRENZE
OCULISTA
STUDIO MEDICO
Dott. GIORGIO BRIZZI
OTORINOLARINGOIATRA
AUDIOLOGO
PIANO 1°
ANALISI MEDICHE
Dott. A. MAYER
RADIOLOGO

A1 1 UN ANNUNCIO[1] IMPORTANTE

Sie suchen eine Wohnung und haben eine entsprechende Zeitungsanzeige gefunden. Ihre Kinder haben jedoch mit der Zeitung gespielt und sie zerrissen. Versuchen Sie, den Text zu rekonstruieren.

[1] Annonce

____

____

____

____

A1 → A2 2 È TUTTO BELLO.

Ergänzen Sie mit den Formen von „bello".

1. In questa zona ci sono delle ________________ ville.
2. Da piazzale Michelangelo si vede un ________________ panorama.
3. Che ______________ appartamento ha comprato Mario!
4. Che ____________ fiori ci sono in quel giardino!
5. Qui ci sono dei ____________ alberghi, però sono molto cari.
6. Ieri sera al circo ho visto un ____________ spettacolo.

A1 → A3

3 L'APPARTAMENTO NUOVO

Setzen Sie die Adjektive an die richtige Stelle.

______ Luisa ______,	caro
Oggi ti voglio parlare del nostro ______ apparta-	nuovo
mento ______. Credo che abbiamo trovato proprio	
una ______ soluzione[1] ______ perché ora abitiamo	ideale
in una ______ zona ______ e allo stesso	tranquillo
tempo siamo vicino al centro. In più via Manzoni	
è una ______ strada ______, ci sono ancora	bello/elegante
palazzi dell' '800. La nostra invece è una	
______ casa ______.	moderno
L'appartamento si trova al ______ piano ______	quinto
e offre una ______ vista[2] ______ su	meraviglioso
tutta la città. Abbiamo cinque camere: un ______	bello
soggiorno ______, tre camere da letto e un	
______ studio ______ per Franco. C'è anche un	piccolo
______ balcone ______ dove	molto grande
passare le ______ serate ______ durante l'estate.	caldo
Allo stesso piano abita una ______ famiglia	inglese
______. Hanno due ______ bambini	simpaticissimo
______. Il posto qui è anche molto comodo.	
Ci sono dei ______ negozi ______ proprio a due passi.	bello
dove si trova tutto. L' ______ problema ______ è	unico
che il mio posto di lavoro è abbastanza lontano.	
Devo prendere l'autobus tutti i giorni e questo mi	
costa ______ tempo ______. Pazienza[3], non si può	molto
aver tutto nella vita! Quando vieni a trovarci?	
Ti saluto con un ______ abbraccio[4] ______	forte
tua Roberta	

[1] Lösung [2] Blick [3] Da kann man nichts machen [4] Umarmung

A2 → A3

4 TUTTO SULLA CASA

*Suchen Sie für jede Erklärung den richtigen Begriff. Gleiche Zahlen entsprechen gleichen Buchstaben. Die vierten Buchstaben der jeweils richtigen Wörter ergeben, von oben nach unten gelesen, das Lösungswort *.*

1. ___ ___ ___ ● ___ ___ ___ ___
7 1 26 10 24 1 25 9
Se c'è, è fuori casa e può essere davanti e/o dietro.

2. ___ ___ ___ ● ___ ___ ___ ___ ___
23 26 2 1 8 21 25 11 9
Ogni stanza ne ha uno.

3. ___ ___ ___ ● ___ ___ ___ ___
18 26 17 17 21 11 11 9
Si può aprire e chiudere.

4. ___ ___ ___ ● ___ ___ ___
13 26 14 18 9 25 21
Molti piani lo possono avere ma a pianterreno non c'è mai.

5. ___ ___ ___ ● ___ ___ ___
26 10 8 26 24 1 9
Serve per i vestiti e in genere si trova in camera da letto.

6. ___ ___ ___ ● ___
17 18 26 14 21
Servono per andare da un piano a un altro.

7. ___ ___ ___ ● ___
11 21 25 24 21
Sono di stoffa.

8. ___ ___ ___ ● ___ ___
7 26 10 26 7 21
È il posto ideale per la macchina.

9. ___ ___ ___ ● ___ ___ ___ ___ ___ ___
23 10 1 8 9 23 1 26 25 9
Si trova sopra il pianterreno.

10. ___ ___ ___ ● ___ ___ ___ ___
19 1 25 21 17 11 10 26
Fa entrare la luce.

11. ___ ___ ___ ● ___
13 26 7 25 9
Una stanza che usiamo tutte le mattine.

12. ___ ___ ___ ● ___
23 9 10 11 26
Serve per entrare e uscire.

13. ___ ___ ___ ● ___ ___ ___ ___ ___ ___ ___ ___ ___
26 25 7 9 14 9 23 10 26 25 12 9
Molti soggiorni ne hanno uno.

* Quando fa freddo ci vorrebbe in ogni casa: ______________________

A3 5 DOVE SI TROVANO?

Ergänzen Sie die Dialoge mit Hilfe der Zeichnungen.

1. – Scusi, dov'è l'agenzia Remi?

~ Dunque, là, in fondo, c'è una macelleria e l'agenzia è proprio

____

2. – Scusi, mi sa dire dov'è il mercato?

~ Certo. Lei adesso vada ____________,

poi prenda ____________________

____________________ ed è a piazza

S. Babila. Il mercato si trova

____________________ chiesa.

3. – Scusi, per andare alla stazione, che linea devo prendere?

~ Può prendere il 18. La fermata è

____

4. – Non ho voglia di portare la valigia.

Prendiamo un taxi!

~ Ma dai, l'albergo non è

_______________, è

_______________ stazione.

5. – Dov'è la mamma?

~ _______________. Fa le pulizie.

6. – Hai visto il gatto?

~ Sì, è _______________.

7. – Scusi, c'è un bar qui vicino?

~ Sì, c'è il bar Amalfi _______________

museo, e poi c'è il caffè Rinaldi

_______________ stazione.

A1 → A4

6 USO DEL VOCABOLARIO

„Casa", „studio", „soggiorno", „quadro" *können verschiedene Bedeutungen haben. Sie finden hier je 2 Originaleinträge aus italienischen Wörterbüchern, die sich darauf beziehen.*

1. *Casa.* Costruzione edificata dall'uomo per abitarvi: *c. di città, di campagna.* (Devoto-Oli, Voc. della lingua italiana)
2. *Casa.* L'abitazione di una persona sola o di una famiglia; *metter su c.*, ammobiliarla per abitarvi; *cercar c.*, un appartamento in affitto (Devoto-Oli, Vocabolario della lingua italiana)

1. *Quadro.* Figura quadrata o quadrangolare: *un vestito, una tappezzeria a q.* (Devoto-Oli, Voc. della lingua italiana).
2. *Quadro.* Opera di pittura che tradizionalmente corrisponde ad una superficie delimitata o racchiusa in cornice: *una galleria di q.; un celebre q. di Renoir* (Devoto-Oli, Voc. della lingua italiana)

1. *Soggiorno.* Atto del soggiornare per un certo periodo di tempo in un luogo (Zingarelli, Voc. della lingua italiana)
2. *Soggiorno.* Stanza di dimensioni relativamente ampie dove si vive durante il giorno (Zingarelli, Vocabolario della lingua italiana)

1. *Studio al pl.* Attività di chi segue regolarmente i corsi di una scuola o di un maestro (Zingarelli, Vocabolario della lingua italiana).
2. *Studio.* Ambiente dell'abitazione o locale arredato per studiarvi, svolgervi un'attività o una professione (Devoto-Oli, Vocabolario della lingua italiana).

Welche deutschen Bezeichnungen entsprechen den beiden Bedeutungen dieser italienischen Wörter?

Casa

1. ______________________

2. ______________________

Soggiorno

1. ______________________

2. ______________________

Studio

1. ______________________

2. ______________________

Quadro

1. ______________________

2. ______________________

A5 7 UN CONSIGLIO

Geben Sie Ratschläge und verwenden Sie dabei die angegebenen Ausdrücke.

comprarsi una casa – alzarsi prima – fare un regalo – andare a trovare – sposarsi – mangiare ancora un po' – scrivere una cartolina

1. Mi sento tanto solo! ~ Dovresti sposarti.
2. Abbiamo troppi soldi in banca! ~ ______
3. Domani è il compleanno di Claudia! ~ ______
4. I miei figli arrivano sempre troppo tardi a scuola! ~ ______
5. Mario è malato da molto tempo! ~ ______
6. Cerchiamo di telefonare a Aldo da tanti giorni, ma non è mai a casa! ~ ______
7. Mamma, non ho più voglia di spinaci! ~ ______

A5 8 VERBI

Tragen Sie die Formen der ersten Person Singular der unten angegebenen Verben in das Schema ein. Die Buchstaben in den farbigen Kästchen ergeben, von oben nach unten gelesen, die erste Person eines weiteren Verbs.

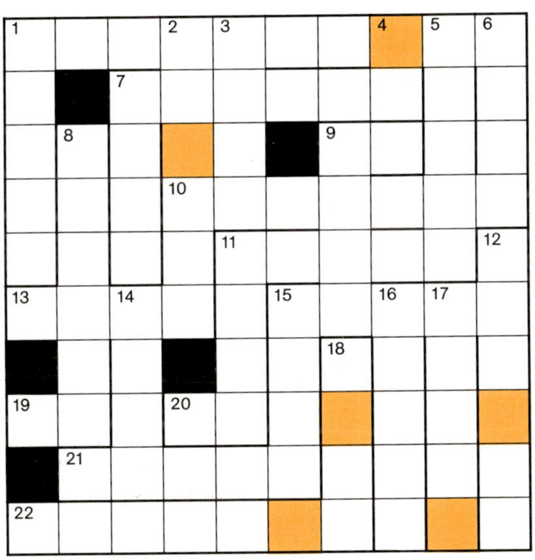

Orizzontale:

1 preferire
7 lasciare
9 sapere
10 conoscere
11 venire
13 bere
15 dormire
19 avere
20 dare
21 potere
22 rimanere

Verticale:

1 partire
2 fare
3 uscire
4 sapere
5 cercare
6 odiare
7 lavare
8 ricevere
11 vedere
12 volere
14 andare
15 dire
16 restare
17 mettere
18 dovere

A6 9 SE SI VUOLE . . .

Bilden Sie Sätze nach dem angegebenen Beispiel.

1. Se si vuole uscire spesso, si deve vivere in città.

1. voler uscire spesso	perdere i contatti con gli amici
2. dover risparmiare	preferire vivere in campagna
3. non avere il telefono	dover vivere in città
4. amare la vita semplice	prendere in affitto un appartamento che costa poco
5. voler comprare una casa	dover prendere una casa grande
6. essere senza macchina	preferire abitare vicino al centro
7. avere mobili antichi	dover avere molti soldi.

2. ______________________________

3. ______________________________

4. ______________________________

5. ______________________________

6. ______________________________

7. ______________________________

B 10 VOCABOLI

Was ist das Gegenteil von:

Verticale

1 bello
2 pulito
4 sopra
5 vicino
6 piccolo
8 occupato
9 dietro
11 lento
13 più
15 niente
17 molto

Orizzontale

1 alto
3 tranquillo
7 crudo
8 corto
10 vecchio
12 vecchio
14 triste
16 chiuso
18 falso
19 lungo
20 primo

B 11 ANNUNCI

1. *Lesen Sie die 6 Annoncen.*

2. Welche gehören in die Rubrik „vendita alloggi" und welche in „offerte affitto"?

Vendita alloggi	______________	Offerte affitto	______________

3. *Welche Annoncen beziehen sich auf eine Wohnung? Welche auf ein Haus?*

Appartamenti	______________	Case	______________

4. *Sie möchten ein paar Monate in Italien verbringen. Unter den Annoncen sind zwei, die für Sie in Frage kommen könnten.*

   a) Welche? ______________
   b) *Suchen Sie sich eine aus. Sie benötigen weitere Informationen über die betreffende Annonce. Formulieren Sie 5 Fragen, die Sie am Telefon stellen würden.*

Annuncio Nr.	______________

1. ______________________________
2. ______________________________
3. ______________________________
4. ______________________________
5. ______________________________

RIVOLI libero 5° piano via Partigiani d'Italia 2 camere soggiorno cucinino servizi vendesi. Tel. 953.3939.

VINOVO impresa vende direttamente in complesso residenziale autonome e signorili ville a schiera.[1] Telefonare 965.1254 oppure 0121 74.545 ore pasti.

A Grugliasco affitto a prossimi sposi camera soggiorno L. 150 mila. Tel. 393.615 Mobilificio.

CALABRIA Capo Vaticano/Tropea affittasi alloggi nuovi 5 posti letto per giugno - luglio - settembre. Tel. 011 787.437.

FIRENZE Lussuosi miniappartamenti arredati servizi affittansi a mesi L. 300 mila. Tel. 055 589.773

VILLETTE A S. MAURIZIO CANAVESE
via Madonna della Neve a 15 km da Torino centro, 19 abitazioni unifamiliari nel verde, autoisolamento termico riscaldamento autonomo a gas giardino proprio, da 75-100-125 mq composte da 2-3 camere soggiorno cucina doppi servizi box 2 auto cantina. Prezzi da L. 153 milioni a L. 200 milioni. Ufficio vendite in cantiere[2], tel. 927.7458, a Torino tel. 332.458.

---
[1] Reihenhäuser [2] Baustelle

1. casa colonica

2. palazzo rinascimentale

3. casa mediterranea

5. villa stile anni '30

4. condominio

6. villette a schiera

A1 1 PER FORTUNA C'È IL CALCIO.

Für viele ist Sport ein Mittel gegen die Monotonie des Alltags. Ergänzen Sie mit den Formen von „tutto" und dem Artikel.

Da dieci anni faccio sempre la stessa vita: ______________ sere vado a letto alle 10 e ______________ mattine mi alzo alle 7, faccio colazione con mia moglie, poi prendo la macchina e vado in ufficio. Faccio ______________ giorni la stessa strada. Conosco ______________ semafori e ______________ incroci. Il mio lavoro non è interessante: ______________ giornate sono uguali. Per fortuna c'è il calcio! Mi piace ______________ sport, ma il calcio è il mio grande amore.

In ufficio penso ______________ tempo al calcio e appena ho un po' di tempo libero, leggo sul giornale la pagina sportiva per sapere le ultime novità. Per ______________ settimana aspetto la domenica, perché ______________ domeniche vado allo stadio a vedere la partita. La mia squadra[1] preferita è la Juventus: conosco i nomi di ______________ giocatori. Domenica scorsa la Juventus ha giocato contro il Torino e sono venuti allo stadio ______________ colleghi dell'ufficio. È stata una bellissima giornata anche perché la Juventus ha vinto per 3 a 0.

[1] Mannschaft

A2 2 DOMINO

Bilden Sie kurze Dialoge, indem Sie verschiedene Dominosteine miteinander verbinden. Sie können die Steine beliebig oft verwenden. Beginnen Sie mit 1, 2 oder 3.

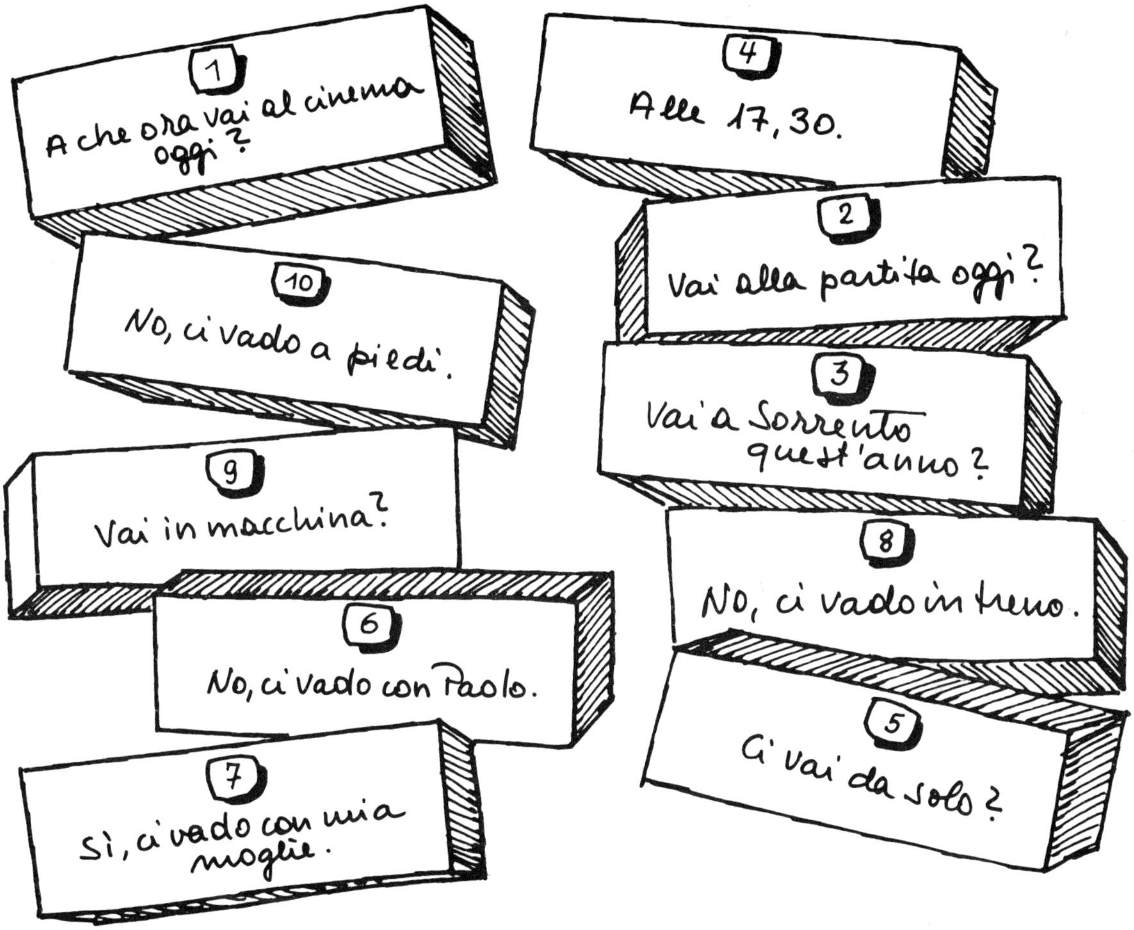

A3 3 PIÙ O MENO?

Vergleichen Sie und ergänzen Sie mit: più/meno lungo, caro, veloce, piccolo, vecchio, alto.

1. I jeans ______________________________

______________________________ pantaloni.

2. Il vocabolario d'italiano è ______________________

______________________ vocabolario di tedesco.

40.000 Lire

20.000 Lire

150 km all'ora

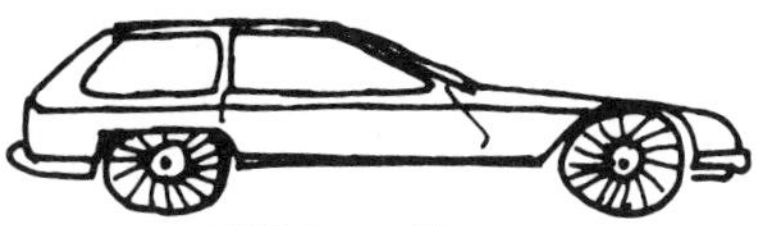

230 km all'ora

3. La Fiat UNO ______________________

______________________ Ferrari.

Famiglia Verdi 100 m²

4. L'appartamento della famiglia Rossi

____

appartamento della famiglia Verdi.

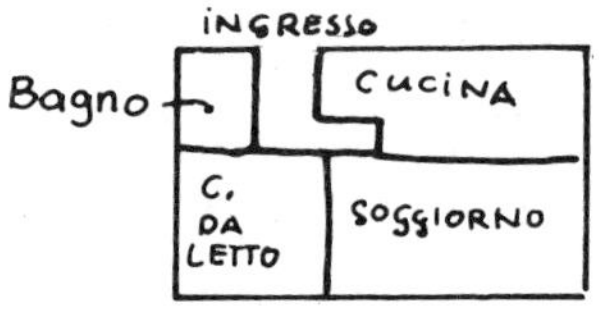

Famiglia Rossi 60 m²

5. Il signor Martini ______________________

______________________ signora Martini.

74 anni 65 anni

6. Il grattacielo ______________________ chiesa.

A4 4 QUALCHE, QUALCUNO, QUALCOSA?

Ergänzen Sie.

1. ~ ________________ minuto fa ha telefonato Paola e ci ha invitato al suo compleanno.
≈ C'è anche ________________ che conosciamo?
~ No, ma Paola ha detto che possiamo portare ________________ amico.
≈ Per me va bene, ma bisogna regalarle ________________.
~ Certo! Domani vado in città e le compro ________________ di carino.

2. ~ Questa città si chiama Certaldo. Guarda sulla guida[1] se c'è ________________ di interessante da vedere.
≈ C'è una chiesa del '300 e ________________ palazzo antico.
Ah! C'è anche la casa dove è morto Boccaccio.[2]
~ Non c'è scritto dove si trova? Mi piacerebbe visitarla.
≈ Beh, chiediamo a ________________.

3. ~ C'è ________________ di buono da mangiare stasera?
≈ Ci sono delle fettine di vitello di ieri.
~ Da ________________ giorno mangiamo solo fettine di vitello, oggi vorrei proprio mangiare ________________ di diverso.
≈ Mi dispiace, ma non trovo mai il tempo di preparare ________________ di meglio da mangiare. I bambini, la casa, la spesa . . .
~ Allora ________________ dovrebbe aiutarti. Potrei telefonare a mia madre.
≈ Invece di cercare ________________, non potresti aiutarmi tu?

[1] Führer [2] bekannter italienischer Dichter und Humanist (1313–1375)

A4 5 SPORT

A4 6 "DI" O "DA"?

Ergänzen Sie den Dialog.

~ Ciao, ho una fame! C'è qualcosa __________ mangiare?

≈ Sì, stasera ho preparato qualcosa __________ buono, ma c'è ancora mezz'ora __________ aspettare. Hai avuto molto __________ fare oggi?

~ No, oggi ho avuto tutto il giorno mal __________ testa e ho anche la gola infiammata. Ho finito __________ lavorare alle quattro.

≈ Sei stata __________ dottore?

~ Sì, e mi ha detto che ho una leggera bronchite e che ho bisogno __________ riposo. Che cosa c'è stasera alla televisione?

≈ Stasera non c'è niente __________ interessante __________ vedere.

~ Allora vado a letto presto. Mi potresti preparare qualcosa __________ caldo __________ bere?

≈ Sì, ti porto subito un bicchiere __________ latte caldo.

A5 7 UNA CARTOLINA DALLE VACANZE

Aus welchen Regionen kommen die Postkarten?

1 Qui in ________ fa caldo e c'è il sole, ma il mare è mosso e non posso fare il bagno.

2 Qui in ________ il cielo è nuvoloso, anche se non piove, e il mare è mosso.

3 Qui in ________ fa molto caldo e c'è il sole, ma non si può sciare perché manca la neve.

4 Qui in ________ fa molto caldo e non piove da due mesi. Per fortuna il mare è calmo e posso fare della vela.

5 Pioggia, pioggia, nient'altro che pioggia, e la sera fa anche freddo. Questa è l'ultima volta che passo le vacanze nel ________

6 Fa molto caldo, anche se piove da due giorni, ma non importa perché qui in ________ mi trovo sempre molto bene.

A6 8 A ME IL CALCIO PIACE TANTO.

Setzen Sie die fehlenden Präpositionen und Pronomen ein.

1. 

~ A me il calcio piace tanto. E ________?

≈ No, io preferisco il ciclismo[1].

2. 

~ Anna, vieni al mare ________ domani?

≈ Mi dispiace, ma domani arriva mio fratello e vorrei stare un po' ________.

3. 

~ ________ chi vince oggi, la Roma o la Juventus?

≈ ________ fanno 0:0 (zero a zero).

4. 

~ Ieri ho visto Silvia con il suo ragazzo. Lui mi sembra molto più giovane ________.

≈ Sì, ma in realtà lei ha solo due anni più ________.

5. 

~ Allora, come facciamo stasera? Venite voi ________ o vengo io ________?

≈ Vieni ________, i nostri genitori stasera non ci sono, così possiamo ascoltare tutti i dischi che vogliamo.

6. 

~ Dove sono Carlo e Francesca?

≈ Hanno telefonato e hanno detto che non possono venire. Pazienza[2], andiamo ________.

[1] Radsport [2] da kann man nichts machen

Con la vela sul sale

Sono partiti in 50 sotto il sole e con 45 gradi all'ombra[1]. A bordo delle loro speciali tavole[2] a vela non sono scesi in mare ma sono scivolati[3] per 100 chilometri sulle distese di sabbia[4] della Tunisia. Questo è stato il secondo campionato internazionale di Speed Sail, uno sport giovanissimo che ogni anno trova nuovi seguaci[5]: non molti in verità, perché per allenarsi bisogna andare fino in Tunisia, nel deserto, là dove ci sono grandi laghi poco profondi[6] che in autunno[7] si prosciugano[8] e diventano un letto di sale.

[1] im Schatten [2] Bretter [3] geglitten [4] Sandflächen [5] Anhänger [7] Herbst [8] austrocknen

Fino all'ultimo respiro

Nato nelle Hawai nel febbraio 1977, il triathlon consiste[1] in una gara di nuoto in mare aperto, una di ciclismo e una di maratona. Non ci sono pause: si conteggia[2] anche il tempo che i partecipanti impiegano[3] per farsi una doccia o cambiarsi[4] fra una gara e l'altra. Dopo il grandissimo successo negli Stati Uniti, questo sport comincia a diffondersi[5] in Europa e dopo il primo campionato inglese, nel 1983 il triathlon è arrivato nel Mediterraneo dove, a Nizza, si è svolto[6] il campionato mondiale.

[1] besteht aus [2] man rechnet [3] benötigen [4] sich umziehen [5] sich verbreiten [6] hat stattgefunden

Vero o falso?

	V	F
1. Lo Speed Sail è un nuovo sport.	☐	☐
2. Si può praticare anche in mare.	☐	☐
3. È possibile allenarsi dappertutto.	☐	☐
4. Per praticare il triathlon bisogna anche saper andare in bicicletta.	☐	☐
5. Fra una gara e l'altra non c'è neanche il tempo di fare una doccia.	☐	☐
6. Il triathlon è conosciuto anche in Europa.	☐	☐

Piscina coperta

Scuola di sci

Sci di fondo

Funivie

Seggiovie

Sciovie

A1 1 PERCHÉ LA CAMPAGNA?

Vervollständigen Sie das Interview mit di *oder* che.

~ Si trova bene qui a Olevano? Non si sente un po' solo in questa grande casa?
≈ No, a me piace essere indipendente e poi per me è sempre stato più semplice vivere da solo ________ con altra gente.
~ Ma perché ha deciso di vivere in campagna?
≈ Perché vivere in campagna è più bello ________ vivere in città.
~ Come mai?
≈ La vita qui è più tranquilla ________ a Roma e la natura, la pace e il silenzio mi piacciono di più ________ rumore e ________ traffico.
~ Esce spesso[1] la sera?
≈ No. Mi piacerebbe senz'altro di più uscire ________ restare a casa, ma qui a Olevano la sera non c'è niente da fare. Solo il sabato o la domenica vado a Roma.
~ Va al cinema?
≈ No, preferisco il teatro al cinema.
~ La sera, quando è a casa, guarda la televisione?
≈ No, trovo più intelligente leggere ________ guardare la televisione.
~ Che cosa legge?
≈ Libri. I libri sono più interessanti ________ giornali o ________ riviste.
~ Ha una macchina?
≈ No, vado sempre a piedi o in bicicletta perché fa molto meglio ________ andare in macchina.
~ Va mai in vacanza?
≈ Certo. Quando posso, vado in montagna. La montagna mi piace di più ________ mare e poi è meglio fare delle passeggiate nei boschi ________ stare tutto il giorno in spiaggia a prendere il sole.
~ Insomma a Lei piace la vita sana[2], lontano dagli stress della vita moderna . . .
≈ Certo. Ma scusi, perché a Lei non piacerebbe vivere così?

[1] oft [2] gesund

A2 ↓ A3

2 I BAMBINI FANNO SEMPRE TANTE DOMANDE!

Finden Sie heraus, was die Großmutter von früher erzählt und setzen Sie die fehlenden Verbformen ein.

~ Nonna, dove sono andati il papà e la mamma?

≈ Sono andati a ballare.[1]

~ E tu non vai mai a ballare?

≈ No, adesso non ci vado più, ma quando __________ giovane come tua madre, ______________ tutte le domeniche.

~ E adesso non vai più a divertirti?[2]

≈ No, adesso sto quasi sempre in casa. Quando ____________ più giovane però, ____________ spesso a fare delle passeggiate.

~ E perché stai da sola?

≈ Perché il nonno è morto. Quando __________ lui, ______________ tante cose insieme.

~ Allora adesso devi giocare sempre da sola.

≈ Adesso non gioco più, ma quando __________ piccola come te, ____________ tutti i giorni con i miei amici.

~ Hai ancora tanti amici?

≈ No, adesso ne ho pochi, ma prima ne ____________ tanti.

[1] tanzen [2] sich amüsieren *hier:* ausgehen

A3 → B

3 GLI ANTICHI ROMANI

Wie lebte man im Alten Rom? Ergänzen Sie.

Gli antichi romani, o perlomeno quelli che ____________ un ruolo	avere
importante nella vita politica della città, ____________ molto presto,	alzarsi
prima dell'alba. Per prima cosa ____________ della corrispondenza,	occuparsi
poi ____________ colazione con pane, formaggio, miele[1], olive e	fare
vino. Dopo la colazione ____________ al foro[2] dove	andare
____________ i loro incontri d'affari. Verso[3] mezzogiorno	avere
____________ a vedere uno dei tanti spettacoli che la città	andare
____________ oppure ____________ a casa dove	offrire/ritornare
____________ qualcosa di leggero. Al pranzo ____________	mangiare/seguire
di solito un lungo riposo[4]. Nel pomeriggio i romani non ____________	lavorare
e la sera ____________ molto presto. La cena ____________	mangiare/essere
il pasto più importante della giornata e se ____________ degli ospiti	esserci
si ____________ spettacoli di musica e varietà. Questa	organizzare
____________ più o meno la giornata dei ricchi[5] romani ai tempi di	essere
Giulio Cesare. Le famiglie ricche romane ____________ circa due o	essere
tre mila. E come vivevano gli altri romani? Non dimentichiamo che Roma	
____________ più di un milione di abitanti.	avere
Di loro, ancora oggi, si sa molto poco.	

[1] Honig [2] Forum [3] gegen [4] (Mittags)ruhe [5] reich

B 4 SCRABBLE

Verticale

1 Si usa al mare ma i veneziani la usano anche in città.
2 In Italia non esiste più perché l'Italia è una repubblica.
3 Si festeggia ogni anno anche in molte regioni della Germania.
6 La fine della vita.
7 Famosa quella di Waterloo.
8 Non si vede e parla da un altro mondo.
11 Competizione sportiva.
16 Parte di uno spettacolo.
18 Si fa per Natale.
19 Quello che è stato fino a ieri.
21 Si chiama così il punto dove finisce la terra e comincia il mare.
23 Vestiti, cose.

Orizzontale

1 Piace molto ai giovani ma anche ai meno giovani.
4 Segue la partenza.
5 Due che si odiano sono . . .
9 Chi vende alle sagre ne deve avere una.
10 Angoscia.
12 Lavora in teatro.
13 Festa popolare.
14 Il tempo passato.
15 La domenica non si lavora, è . . .
17 Soltanto.
20 Si mette per non farsi riconoscere.
21 Vicolo d'acqua in città.
22 Si può . . . la chitarra, il flauto o qualche altro strumento.
24 Gesù Cristo è un . . . storico.

Il Presepe vivente di Pianola è nato nove anni fa per iniziativa di un gruppo di giovani del luogo. Rispecchia fedelmente[1] la tradizione storica, infatti si chiama „Come a Betleem" e prevede la rappresentazione di tre momenti che ricordano il classico presepe napoletano.
La cosiddetta *taverna* rappresenta l'aspetto laico[2] del mistero natalizio[3]: qui si è cercato di realizzare la vita di un paese in un giorno di festa, dove gli abitanti e gli stranieri venuti da lontano aspettano un miracolo[4].

La seconda fase, *l'annuncio ai pastori*[5], è l'aspetto forse più mistico di tutta la rappresentazione. I pastori si trovano nei prati con le loro greggi[6], in attesa dell'angelo che porta la notizia della nascita di un bambino in una stalla.

Alla semplicità di questa scena fa contrasto la maestosità[7] della terza e ultima parte, quella della *Natività*[8] che, al centro del grande scenario, ha per sfondo[9] il villaggio[10] di Betleem.
Lo spettacolo, che dura poco meno di un'ora, affascina[11] bambini e adulti e il suo significato non si esaurisce[12] nel raccontare e far rivivere una storia di tanti anni fa: quella che vediamo è la rappresentazione della vita di tutti i giorni e di tutti i tempi. Infatti anche oggi l'uomo aspetta l'arrivo del bambino, quel simbolo di qualcosa di nuovo che fa sperare nella vita e nella sua continuità.

[1] getreu [2] weltlicher Aspekt [3] Weihnachtsgeheimnis [4] Wunder [5] Verkündigung an die Hirten [6] Herden
[7] Großartigkeit [8] Geburt Jesu [9] Hintergrund [10] Dorf [11] bezaubert [12] erschöpft sich

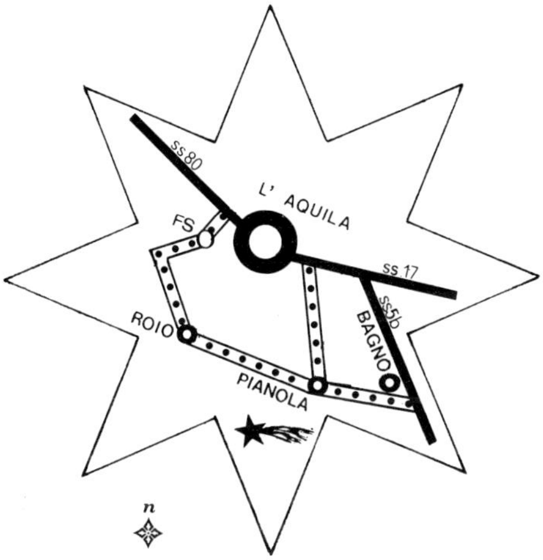

a) Vero o falso?

	V	F
1. Il Presepe vivente di Pianola ha una lunghissima tradizione storica.	☐	☐
2. Nella prima parte dello spettacolo si vede la vita di tutti i giorni degli abitanti di un paese.	☐	☐
3. Nella seconda fase, i pastori aspettano l'angelo che li informa della nascita di un bambino.	☐	☐
4. La terza parte dello spettacolo rappresenta la nascita di un bambino in una stalla di Betleem.	☐	☐
5. Lo spettacolo, che dura circa un'ora, è vietato ai bambini.	☐	☐

b) Der Regisseur des Krippenspiels von Pianola bereitet die Inszenierung vor. Er notiert den Ort der Handlung der einzelnen drei Szenen und welche Personen für die Aufführung benötigt werden. Hier ist sein Notizblock. Ergänzen Sie nach den Angaben des Textes.

	Luogo della scena	Personaggi
1. Taverna		
2. Annuncio		
3. Natività		

6 CRUCIVERBA

Tragen Sie die den folgenden Verben entsprechenden Substantive ein.

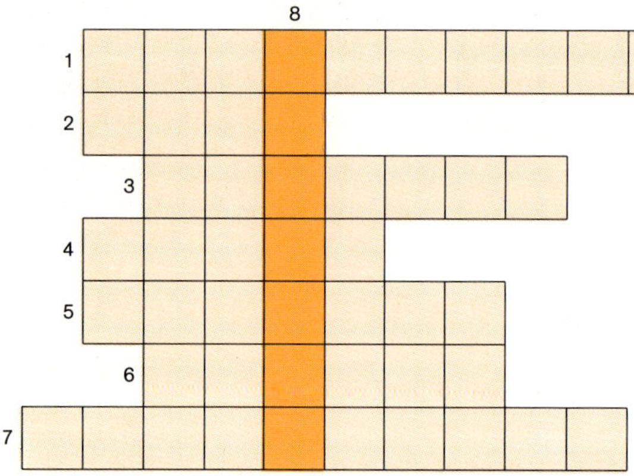

1 rappresentare
2 vivere
3 nascere
4 morire
5 ricordare
6 arrivare
7 prevedere

8. Sono stati i primi a essere informati della nascita del bambino nella stalla: ____________________

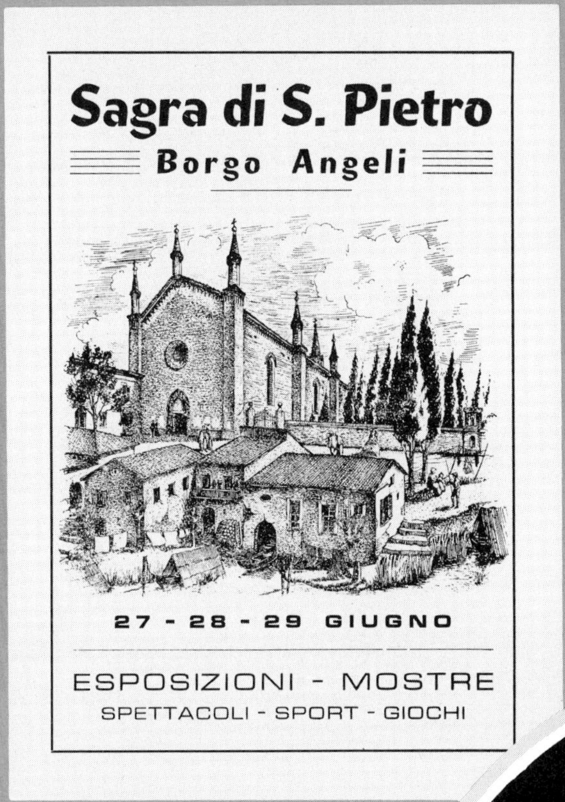
Sagra di S. Pietro
Borgo Angeli
27 - 28 - 29 GIUGNO
ESPOSIZIONI - MOSTRE
SPETTACOLI - SPORT - GIOCHI

1

VENERDI' SANTO
ROMAGNANO SESIA (Novara)
242ª SACRA RAPPRESENTAZIONE
31 MARZO - 1 - 2 APRILE 1983 4 APRILE 1983 (Replica)

2

Come a Betlem
PRESEPIO VIVENTE
25 Dicembre
PIANOLA · L'AQUILA

3

LEZIONE 3 (S. 22)

1 AL BAR, AL CAFFÈ O ALLA GELATERIA?

Schauen Sie die Bilder an, und sagen Sie, wo Sie folgende Getränke und Speisen zu sich nehmen würden. Achten Sie auf die angegebene Situation.

a) Un cappuccino e una pasta ____________________
(Sie haben wenig Zeit)
b) Una birra ____________________
(Sie warten auf einen Freund)
c) Un gelato ____________________
(Sie sind unterwegs und haben gerade Lust darauf)
d) Un aperitivo ____________________
(Sie sind zusammen mit einem wichtigen Kunden)
e) Un panino ____________________
(Sie kommen gerade vom Turnen)

2 UNA BIRRA: AL BAR S. AMBROGIO O AL CAFFÈ CONCERTO PASZKOWSKI?

Finden Sie heraus, was ein Bier kostet.

a) Al bar prendiamo:	un caffè	500 L.
	una birra	900 L.
	e una minerale	250 L.
	Quant'è?	________

b) Al caffè concerto prendiamo:	un caffè	1.000 L.
	una minerale	600 L.
	e una birra	. . . L.
	Quant'è?	4.100 L.

Una birra al bar costa ____________________

Una birra al caffè concerto costa ____________________

Was Sie noch wissen sollten: Wenn Sie in einer „bar" oder einem „caffè" an einem Tisch Platz nehmen, müssen Sie einiges mehr als an der Theke bezahlen.

3 SCONTRINO ALLA CASSA

SCONTRINO

ALLA CASSA

Sie kennen bereits dieses Schild. Schauen Sie jetzt die Fotos an. Wo, glauben Sie, werden Sie dieses Schild vorfinden?

☐ alla gelateria Gailli
☐ al bar S. Ambrogio
☐ al caffè Paszkowski

4 ABITUDINI*

Sie sind mit einer/m italienischen Bekannten und sie/er schildert Ihnen einige Gewohnheiten der Italiener.
Ergänzen Sie den Text mit den passenden Wörtern: caffè – grappa – panino – caffè – aperitivo

Zum Frühstück: Prendiamo ______________ al bar e poi (dann) andiamo a lavorare.

Gegen 10.00: Andiamo al bar e prendiamo ______________.

Kurz vor dem Essen: Prendiamo ______________.

Nach dem Essen: Prendiamo ______________ e poi ______________.

* Gewohnheiten

LEZIONE 4 (S. 29)

1 PER TELEFONARE

Sie sind in Italien und möchten telefonieren. Wohin gehen Sie?
Kreuzen Sie die richtigen Antworten an.

Lei va (Sie gehen)
☐ in una cabina telefonica.
☐ in un' agenzia.
☐ alla posta.
☐ in un bar con il simbolo
☐ alla SIP (Società Italiana per l'esercizio telefonico).

2 CHIAMATE URBANE ED INTERURBANE

Wohin können Sie anrufen?

☐ Solo in Italia.
☐ Solo nella città dove siete.
☐ In Italia e anche in Germania.

3 AL TELEFONO

Schauen Sie das Schild mit der Bedienungsanleitung an, und lesen Sie die Hinweise. Dann antworten Sie.

a) Questo telefono funziona ☐ solo con gettoni.
☐ con gettoni e con monete.

b) – *Was müssen Sie tun, um restliche* „gettoni" *zurückzubekommen?*

____

– *Wie heißt das Wort, das auf die Rückgabe hinweist?*

____

4 FATE LE DOMANDE

Sie sind bei der SIP und stellen einige Fragen.

– *Sie sagen, daß Sie nach Frankfurt telefonieren möchten.*

____

– *Da alle Kabinen besetzt sind, ziehen Sie es vor, von einem Telefonapparat in der Halle mit Telefonmünzen zu telefonieren.*
Sie fragen, was eine Telefonmünze kostet.

____

– *Sie verlangen 20 Telefonmünzen.*

____

– *Sie wollen die Vorwahl für die Bundesrepublik wissen.*

____

– *Sie gehen zu dem Telefonapparat und stellen fest, daß er defekt ist. Sagen Sie dem Angestellten Bescheid.*

____

Was Sie noch wissen sollten:
- Eine Telefonmünze kostet ab 1984 200 lire.
- Ein Telefonbuch ist „un elenco telefonico".
- In den Großstädten gibt es neuerdings öffentliche Fernsprecher, die mit Magnetkarten funktionieren.

LEZIONE 5 (S. 35)

1 IL LUNGARNO

a) *Schauen Sie sich das folgende Schema an, und beantworten Sie anschließend die untenstehenden Fragen mit Hilfe der Italienkarte im Lehrbuch.*

„entlang"	LUNGO: MARE
	LUNGO: TEVERE
	LUNG: ARNO

In quale città d'Italia

– c'è il Tevere?	☐ a Milano		– c'è l'Arno?	☐ a Venezia
	☐ a Roma			☐ a Siena
	☐ a Napoli			☐ a Firenze

b) *Was stimmt? Kreuzen Sie an.*

	una via.	☐
Il Lungarno è	una piazza.	☐
	il nome di una persona.	☐

c) *Kommt die Bezeichnung* „Lungarno" *in vielen italienischen Städten vor wie z. B.* „Via Garibaldi"?

Was Sie noch wissen sollten:
- wenn sich eine Straße, z. B. in einem Kreuzungsbereich, verbreitert, so nennt man diesen Abschnitt „Largo".
- Unter „Piazzale" versteht man einen größeren Platz (oft mit Aussicht auf die Stadt).

2 LARGO: PIAZZA, STRADA O CORSO?

Sie sind mit einer italienischen Freundin am Largo Michele Liverani. Lesen Sie den folgenden Dialog, und unterstreichen Sie das jeweils passende Wort.

~ Dove siamo? Dov'è il centro?

≈ Non è troppo | a destra / lontano / di fronte | , adesso siamo | al / a / allo | Largo Michele Liverani.

~ Che cos'è un Largo?

≈ Un Largo è | un corso. / una lunga strada. / una piccola piazza.

~ Però qui non è bello, non è un | centro / posto / piazzale | per camminare, è troppo rumoroso.

≈ Ma noi siamo qui solo | per / di / a | prendere l'autobus e andare | fino a / al / in | centro.

3 CORSO – VIALE

Sie sind in Florenz in Begleitung eines italienischen Bekannten. Es ist 19 Uhr. Sie kommen in eine Straße, wo viele Leute spazierengehen oder in Gruppen beieinanderstehend sich unterhalten. Sie stellen Ihrem Bekannten einige Fragen.

Sie fragen, ob es immer so viele Leute hier gibt.	~ ______________________
	≈ Sì, la sera la gente cammina su e giù (auf und ab) per il corso. È abbastanza tipico qui da noi.
Sie möchten wissen, ob Sie in einer Straße in der Nähe der Stadtmitte sind.	~ ______________________
	≈ Sì, un corso è quasi sempre una strada del centro, abbastanza grande, con bar, negozi (Geschäfte) e tanta gente.
Sie fragen, wohin die Leute gehen, wenn sie einen ruhigen Ort suchen.	~ ______________________
	≈ Va fuori città (außerhalb der Stadt). Domani, se hai voglia, andiamo a Piazzale Michelangiolo. È bellissimo. Da lì vedi tutta la città.
Sie erkundigen sich, ob sie zu Fuß gehen.	~ ______________________
	≈ No, in macchina. Andiamo su per viale Michelangiolo che è molto bello, con tanti alberi (Bäumen) . . . Ma sai, per andare a piedi c'è troppo traffico (Verkehr) ed è troppo lontano.

LEZIONE 6 (S. 43)

1 PARLIAMO DI PASTA

Stimmen folgende Aussagen mit den Gewohnheiten der Italiener überein?

	V	F
1. Gli italiani mangiano prima l'antipasto e poi la pasta.	☐	☐
2. Anche in Italia i ristoranti servono la carne con gli spaghetti.	☐	☐
3. In Italia ci sono panetterie dove trovi la pasta fresca.	☐	☐
4. Gli italiani mangiano solo pasta fresca.	☐	☐
5. Sulla pasta bisogna mettere il formaggio.	☐	☐

2 PASTA, PASTA, SEMPRE PASTA!

In Italien finden Sie u. a. bandförmige „pasta" und röhrenförmige „pasta".
Schauen Sie die Seite 43 an. Welche der abgebildeten Nudeln würden Sie in die oben genannten Kategorien einstufen?

Bandförmig: ______________________

Röhrenförmig: ______________________

Was Sie noch wissen sollten:
- die Endung „-ino, -ini, -ine" usw. bezeichnet im Italienischen die Verkleinerungsform bzw. die Koseform eines Substantivs.
- In Italien werden Nudeln aus Hartweizengrieß hergestellt. Bei „pasta all'uovo" wird das Wasser durch Eier ersetzt.

3 RISINI, STELLINE, FARFALLE, PIPE

Mit Hilfe des Wörterbuchs finden Sie die richtige Antwort.

Questi tipi di pasta si chiamano così
a) per la preparazione (Zubereitung).
b) per la forma che hanno.
c) perché gli italiani hanno molta fantasia in cucina.

4 GLI GNOCCHI

Eine italienische Freundin sagt Ihnen, wie Sie „gnocchi" selbst machen können.

Per fare gli gnocchi bisogna prendere ______________________________

____

LEZIONE 7 (S. 50)

1 LA RISPOSTA GIUSTA

Was ist richtig?

Freni
a) è il nome della persona che dirige l'istituto di bellezza.
b) è il nome della strada dove si trova l'istituto di bellezza.
c) è un prodotto di bellezza.

2 DOVE DEVONO ANDARE?

Finden Sie heraus, wo die Wünsche der einzelnen Leute erfüllt werden können, und vervollständigen Sie den Text.

1. La signora Neddermeyer è in vacanza ad Ancona e desidera andare a **lavarsi i capelli** (sich die Haare waschen); domanda ad un'impiegata della pensione dov'è un ______________________.
2. Ingrid è molto stanca (müde), perché ha viaggiato tutta la notte. Per essere in forma, telefona alla sua amica italiana e domanda se c'è un ______________________.

3. Il signor Tioka è in vacanza a Taormina. Oggi non c'è elettricità in camera, e non può **farsi la barba** (sich rasieren). Un impiegato dell'albergo dice al signor Tioka che lì vicino c'è un ______________.
4. Oggi la signora Kramer ha visitato Roma a piedi e ha camminato tutto il giorno. Per continuare le vacanze senza avere problemi con i piedi, quando torna all'albergo, telefona

   ______________________________.
5. Jürgen, studente d'italiano a Siena, vuole **farsi tagliare i capelli** (sich die Haare schneiden lassen) e va ______________________.

3 VERO O FALSO?

	V	F
1. Ci sono parrucchieri per uomo e per donna.	☐	☐
2. Anche le donne vanno dal barbiere.	☐	☐
3. Un bambino ha la possibilità di farsi tagliare i capelli dal barbiere o dal parrucchiere.	☐	☐
4. Chi è bello non deve andare all'istituto di bellezza.	☐	☐

4 FATE LE DOMANDE

Sie sind beim Friseur und stellen verschiedene Fragen:

– *Sie sagen, daß Sie eine Dauerwelle* (una permanente) *wünschen.*

____

– *Sie erkundigen sich, wieviel sie kostet.*

____

– *Sie fragen, ob Sie warten sollen oder ob Sie später* (più tardi) *kommen sollen.*

____

– *Sie müßten zu lange warten. Sie sagen, daß Sie an einem anderen Tag* (un altro giorno) *wieder kommen.*

____

– *Sie fragen, wann Sie wieder kommen sollen.*

____

Was Sie noch wissen sollten: Es gibt auch Friseurgeschäfte mit der Bezeichnung „Parrucchiera". Hierbei handelt es sich ausschließlich um Damensalons.

1 LA RISPOSTA GIUSTA

Schauen Sie sich die Bilder genau an.

Sono fotografie
a) di case private?
b) di uffici e agenzie?
c) di istituzioni pubbliche?

2 RISPONDETE

Auf dem Bild Nummer 1 sehen Sie ein zweijähriges Kind mit der Mutter.

1. Dov'è stata la bambina? ______________________________

2. Perché c'è anche la mamma? Che cosa fa lì?

____

3 TIPI DI SCUOLE

Welches Alter entspricht welcher Schulart?

Tipo di scuola	**Età (Alter)**
1. Asilo nido	da 14 a 19 anni
2. Scuola materna	da 6 a 11 anni
3. Scuola elementare	da 3 mesi a 3 anni
4. Istituto tecnico commerciale	da 3 a 6 anni

4 ISTITUZIONI PUBBLICHE

Jedes Schild enthält mindestens ein Element (Wort oder Symbol), welches darauf hinweist, daß es sich hier um eine öffentliche Einrichtung handelt. Geben Sie jeweils an, ob es sich um ein Symbol (simbolo) *oder um bestimmte Wörter handelt.*

a) ______________ c) ______________

b) ______________ d) ______________

Was Sie noch wissen sollten:

- Neben dem Begriff „scuola materna" wird auch „asilo infantile" verwendet.
- Nach der „scuola elementare" besucht man die „scuola media", die drei Jahre dauert. Damit ist die Schulpflicht (bis zum 14. Lebensjahr) beendet.
  Gymnasien und Institute verschiedener Fachrichtungen führen zum Abitur und damit zur Hochschulreife.
  Beginn und Ende der Schuljahre, Lern- und Prüfungsinhalte aller Schularten werden von einem zentralen Kultusministerium einheitlich für alle Regionen festgelegt.

5 FATE LE DOMANDE.

Sie möchten einige weitere Informationen über die Schule in Italien haben.

– *Sie fragen, wann die Schule dieses Jahr beginnt.*

____

– *Sie fragen, wie viele Unterrichtsstunden am Tag die Kinder in der Grundschule haben.*

____

– *Sie erkundigen sich, ob die Kinder in Italien auch samstags in die Schule gehen müssen.*

____

– *Sie möchten wissen, wie lange die Kinder in den Weihnachtsferien* (vacanze di Natale) *frei haben.*

____

LEZIONE 9 (S. 64-65)

1 LA RUOTA DELLA VITA

a) *Schauen Sie sich die Karten auf der Doppelseite an.*

- Welche ist eine Geburtsanzeige? Nr. __________
- Welche kündigt eine Hochzeit an? Nr. __________
- Welche spricht eine Einladung aus? Nr. __________

b) *Versuchen Sie jetzt, folgende Wortliste zu vervollständigen.*

1. La nascita	__________
2. __________	die Firmung
3. __________	die Trauung, die Hochzeit
4. Le nozze d'oro	__________
5. __________	die Hochzeitsfeier

2 CHI È NATO?

Lesen Sie die Karte Nr. 2, und beantworten Sie die Fragen.

1. Come si chiama la bambina? __________
2. In quale mese è nata? __________
3. Chi sono Andrea e Carla? __________

3 LA CRESIMA DI CRISTIANA E MANUELA

Sie sind zur Firmung eingeladen.
Sie rufen die Mutter an, um zu sagen, daß Sie zu der Feier kommen.

- *Sie fragen, was Sie den Kindern schenken* (regalare a) *können, da Sie sie nur wenig kennen.*

  ____

- *Sie erkundigen sich, um wieviel Uhr die Feier beginnt.*

  ____

- *Sie fragen, in welcher Kirche sie stattfindet.*

  ____

- *Sie sagen, daß Sie direkt* (direttamente) *zur Kirche fahren, da Sie den Weg gut kennen.*

  ____

4 UN MATRIMONIO

1. Chi annuncia il matrimonio di Adriano e Milena? ______________________________
2. È l'invito a un matrimonio civile (standesamtliche Trauung)? ______________________________
3. Milena abita a Varese? ______________________________
4. Dove si sposano Adriano e Milena? ______________________________

5 UN INVITO

Lesen Sie die Karte Nr. 4, und antworten Sie.

Questo è un invito
a) al pranzo nuziale al Ristorante Panoramico.
b) a fare i vostri auguri a Guido e Marina in una sala del Ristorante Panoramico.
c) a prendere l'aperitivo in un locale accanto al Ristorante Panoramico.

6 VERO O FALSO?

Lesen Sie die Karte Nr. 5, und antworten Sie.

	V	F
1. 25 anni fa Esterina e Mario sono diventati marito e moglie.	☐	☐
2. Esterina ha sposato Mario il 7 novembre.	☐	☐
3. Mario deve avere 60 anni.	☐	☐
4. Con questo biglietto Esterina e Mario invitano parenti ed amici a pranzo.	☐	☐

Was Sie noch wissen sollten: Nach einer Taufe, Kommunion oder Hochzeitsfeier werden den Gästen häufig „confetti" geschenkt. Das sind hübsch verpackte Bonbons (mit Zucker überzogene Mandeln, s. S. 64), die als Dank für die Geschenke zu verstehen sind.

7 COME RISPONDERE?

Welche der folgenden Antworten ist für welche Karte/n gedacht?
Ordnen Sie richtig zu.

a) Auguri affettuosi di tanti anni felici[1] ancora insieme.
b) Congratulazioni[2] e tanti cari auguri.
c) Un abbraccio[3] affettuoso e mille auguri di ogni bene[4].
d) A voi con affetto auguri di tanta felicità[5].
e) Alla bambina auguri di una vita felice e ai genitori un forte[6] abbraccio.

[1] glücklich [2] Gratulation, Glückwunsch [3] Umarmung [4] alles Gute [5] Glück [6] fest

LEZIONE 10 (S. 74)

1 TRAGHETTI

Schauen Sie das erste Schild an. Bei Palermo steht „Grandi Traghetti". *Was heißt* „traghetto" *auf deutsch?*

Un traghetto è
a) ein Segelboot
b) ein Zug
c) eine Fähre

2 COME ANDARE IN SARDEGNA

a) *Sie sind in Rom und möchten für eine Woche nach Sardinien fahren.*

	Sì	No
Prendete il traghetto?		
Noleggiate un surf?		
Andate in treno?		

b) *Welche Schiffahrtsgesellschaften können Sie in Anspruch nehmen?*

____

Was Sie noch wissen sollten: – „Un patino" ist eine Art Wasserschlitten mit Rudern, den Sie nur am Meer mieten können.
„Pedalò" sind Tretboote und „barche a remi" Ruderboote.

3 TRAGHETTI PER LA SICILIA

Sie sind in Livorno und möchten mit der Fähre für eine Woche nach Sizilien fahren. Sie gehen zu der Schiffahrtsgesellschaft und stellen einige Fragen.

– *Sie fragen, wann es eine Fähre nach Sizilien gibt.*

____

– *Sie sagen, daß Sie zu dritt sind und ein Auto haben. Sie fragen, was die Fahrkarte insgesamt* (tutto compreso) *kostet.*

____

– *Sie erkundigen sich, wie lange die Fahrt dauert* (dura).

____

– *Sie sagen, daß Sie auch eine Zweibett- und eine Einzelkabine reservieren möchten.*

____

4 NOLEGGIAMO UN PEDALÒ!

Sie sprechen einen Bademeister an, weil Sie ein pedalò *mieten möchten.*
Rekonstruieren Sie die Fragen anhand der Antworten.

∼ ____

≈ Deve aspettare un quarto d'ora perché adesso sono tutti in mare.

∼ ____

≈ 6.000 lire all'ora.

∼ ____

≈ No, paga dopo.

5 SPIAGGIA LIBERA

Sulla spiaggia libera:

	V	F
– non potete portare i cani.	☐	☐
– bisogna pagare 1.000 lire al giorno.	☐	☐
– potete portare il vostro pick-nick.	☐	☐
– ci sono dei rifiuti.	☐	☐
– trovate ombrelloni (Sonnenschirme) a noleggio.	☐	☐
– non potete stare in bikini.	☐	☐

1 SEGNALETICA (SCHILDER)

Schauen Sie das Bild Nr. 1 an.

1.  Questo pittogramma indica
   a) un posto dove i bambini vanno a giocare.
   b) una zona dove bisogna andare a piedi.
   c) una strada vicino a una scuola.

2.  Questo pittogramma indica
   a) i resti di un tempio greco.
   b) un palazzo famoso.
   c) un monumento di grande interesse.

2 CHE DIREZIONE PRENDETE?

1. *Sie sind mit dem Auto unterwegs und halten vor dem Schild Nr. 1. Sie suchen einen Parkplatz. Wohin fahren Sie?*

   ____

2. *Ein Japaner fragt Sie, wie er zu den Medicikapellen kommt. Sie antworten:*

   ____

3. *Sie treffen einen Bekannten, der zusammen mit Ihnen einen Sprachkurs in Florenz besucht. Er möchte die Sehenswürdigkeiten der Stadt kennenlernen und bittet Sie um Rat. Sie empfehlen ihm, den nahegelegenen* „Palazzo Medici Riccardi" *anzuschauen und weisen darauf hin, daß er zu Fuß hingehen kann.*

   ____

3 ANCORA SEGNALETICA

Schauen Sie das Bild Nr. 2 an, und vervollständigen Sie den Text.

1. Il signor Musterle non sa dove ha lasciato la macchina e va a chiedere aiuto ______________.
2. La signora Stoltenberg va ______________ perché deve fare un telegramma.
3. È successo un incidente: un ragazzo è ferito (verletzt). Lei è in macchina e lo accompagna subito

   ______________.

4 VERO O FALSO?

Schauen Sie die Schilder auf S. 86 an, und antworten Sie.

	V	F
1. Per andare a Firenze avete solo la possibilità di prendere la SS 67 bis (strada statale numero 67 bis).	☐	☐
2. Il modo più veloce per arrivare a Livorno è prendere la strada statale numero 1.	☐	☐
3. A 12 è un'autostrada.	☐	☐
4. In questa città non ci sono posti per giocare a tennis.	☐	☐
5. Forte dei Marmi è un luogo turistico.	☐	☐

5 AURELIA

Welche ist/sind die richtige/n Antwort/en?

Aurelia è
a) il nome di una città.
b) il nome di una strada che va da Roma a Ventimiglia.
c) il nome della strada statale numero 1.

6 L'AUTOSTRADA IN ITALIA

a) L'autostrada è
☐ libera.
☐ a pagamento.
☐ a pagamento solo nel Nord e nel Centro d'Italia.

b) Sull'autostrada è vietato andare a più di
☐ 150 km all'ora.
☐ 130 km all'ora.
☐ 140 km all'ora.

c) Il colore dei cartelli (Schilder) autostradali in Italia è
☐ verde.
☐ blu.

7 DOCUMENTI, PER FAVORE!

Sie fahren auf der Autobahn A 12 Richtung Livorno. Plötzlich gibt Ihnen eine Carabinieri-Streife Zeichen, anzuhalten.

Lesen Sie aufmerksam, was der „Carabiniere" sagt, und vervollständigen Sie den Dialog:

~ Buongiorno, la patente (Führerschein), prego!

≈ ____

~ Lei va a più di 150 km all'ora e mi chiede cosa ha fatto?

≈ ____

~ In Italia, no. Dove ha passato la frontiera?

≈ ____

~ Lì, subito dopo la frontiera, c'è un grande cartello; forse Lei non l'ha letto bene ma c'è scritto che non può fare più di 130 km all'ora.

≈ ____

~ Sì, ma la Sua macchina è una 1.200 e non può superare (überschreiten) i 130 km.

1 PASTASCIUTTA

Auf S. 103 von Buongiorno *finden Sie auf der Speisekarte u. a.:*
„spaghetti al pomodoro", „tortellini in brodo", "penne all'arrabbiata".
Bei zwei dieser Gerichte handelt es sich um sogenannte „pastasciutta" *(Trockene Teigwaren).*

a) Quali? 1. ______________________

2. ______________________

b) Perché si chiamano così? ______________________

c) Sono piatti senza sugo? ______________________

d) Anche gli spaghetti al burro sono pastasciutta? ______________________

2 SPECIALITÀ REGIONALI

Die abgebildeten Gerichte stammen aus verschiedenen Regionen bzw. Städten.
Aus welchen? (Nehmen Sie die Italienkarte von Buongiorno 1 *zu Hilfe).*

Gli agnolotti: ______________________

I tortelli: ______________________

I maccheroni: ______________________

I bucatini: ______________________

I malloreddus: ______________________

I cavatieddi: ______________________

Le trenette: ______________________

Le lasagne verdi: ______________________

Was Sie noch wissen sollten: „Malloreddus" und „cavatieddi" sind regionale Ausdrücke.

3 IL RIPIENO

Drei der abgebildeten Gerichte haben als Füllung (ripieno) *Fleisch und Käse. Welche?*

____

4 SOLO SPAGHETTI, GRAZIE!

Sie sind in Italien. Sie haben heute wenig Hunger und möchten nur pastasciutta *essen. Wohin gehen Sie?*

Andate
a) in una tavola calda.
b) in un ristorante.
c) in una pizzeria.

5 CONSIGLI PER MANGIARE GLI SPAGHETTI SENZA COLTELLO

Sie gehen mit einem Bekannten in ein Restaurant in Italien. Sie merken, daß Ihr Bekannter beim Spaghettiessen Schwierigkeiten hat, und geben ihm deshalb einige Ratschläge.

(prendere) ______________________ pochi spaghetti con la forchetta,

(cominciare) ______________________ a girare la forchetta piano piano,

(portare) ______________________ la forchetta con gli spaghetti alla

bocca, (aprire) ______________________ la bocca e . . . buon appetito!

LEZIONE 13 (S. 106)

1 ALLA BOUTIQUE DELLA SPOSA

Sie sind in Italien mit einer Freundin, die bald heiraten wird. Sie möchte ein schönes Hochzeitskleid kaufen, spricht aber kaum Italienisch. Sie gehen deshalb mit ihr in die „boutique della sposa" *und dolmetschen.*

~ Buongiorno. Dica, signora.

Sie sagen, daß Ihre Freundin ein Kleid möchte, aber noch keine genauen Vorstellungen (un'idea precisa) *hat: Sie möchte verschiedene Modelle sehen.*

≈ ______________________

____

____

~ Desidera un vestito lungo, uno corto o un completo con giacca e pantaloni?

Ihre Freundin sagt, daß Hosen vielleicht zu sportlich sind.

≈ ______________________

____

____

~ No, Signora, il completo è favoloso, è di seta, di prima qualità. Lo vuole vedere?

Sie sagen, daß Ihre Freundin doch ein Kleid bevorzugt.

≈ ______________________

____

____

Für Ihre Freundin ist Weiß die ideale Farbe für ein Brautkleid.

~ Lo preferisce in bianco o in un altro colore?

≈ ______________________________

____

~ È vero, ma oggi anche il giallo e il celeste sono colori molto richiesti.

Ihre Freundin zieht Weiß vor, auch wenn es nicht modern ist: es ist romantischer (romantico).

≈ ______________________________

____

____

~ Come vuole, Signora. Che taglia ha?

Ihre Freundin hat in Deutschland die Größe 38, in Italien wahrscheinlich 42.

≈ ______________________________

____

~ Venite con me. Vi faccio vedere i modelli che abbiamo.

2 UN NEGOZIO DI BIANCHERIA

Sie begleiten eine italienische Freundin zu einem „negozio di biancheria".
Im Schaufenster sehen Sie Handtücher (asciugamani) *und Bademäntel* (accappatoi). *Was kann man in diesem Geschäft wohl sonst noch kaufen?*
Kreuzen Sie die richtige/n Antwort/en an.

☐ una camicetta
☐ una tovaglia
☐ un cappello
☐ un pigiama
☐ delle lenzuola (Bettücher)

Was Sie noch wissen sollten: Nicht alle „negozi di biancheria" führen Unterwäsche.

3 SARTORIA E CONFEZIONI

a) *Schauen Sie das Schaufenster der* „sartoria e confezioni" *an. Was wird hier verkauft?*

☐ abiti da uomo e da donna
☐ abiti da uomo
☐ abiti e scarpe da uomo

b) *Ein Freund von Ihnen braucht einen neuen Anzug, aber er findet wegen seiner Größe keinen passenden Konfektionsanzug. Er beschließt, in das obige Geschäft zu gehen.*

Perché?

- ☐ Perché lì ci sono tutte le taglie.
- ☐ Perché lì fanno abiti su misura (nach Maß).
- ☐ Perché lì tutto costa meno.
- ☐ Perché la qualità è più buona.

4 I VENDITORI AMBULANTI

Schauen Sie die Bilder der Straßenhändler an, und antworten Sie:

1. Dove vendono la loro roba?

____

2. Il venditore vende solo maglie da uomo?

____

3. Di che qualità è la roba che vende?

____

4. E la donna, che cosa vende?

____

5. Perché molta gente preferisce comprare dai venditori ambulanti invece che nei negozi?

____

LEZIONE 14 (S. 114)

1 MEDICI SPECIALISTI

Ordnen Sie richtig zu.

1. Cura le malattie degli occhi.	a) ortopedico
2. Cura con le radiazioni.	b) otorinolaringoiatra
3. Cura le malattie dell'orecchio, del naso e della gola.	c) oculista
4. Specialista in ortopedia.	d) radiologo

2 DA CHI ANDARE?

a) Il medico vi ha ordinato il Fotofil collirio.

Da quale medico siete stati? _______________________________

b) La signora Fischer gioca molto volentieri a tennis. Da due giorni però le fa molto male un braccio.

Da chi dovrebbe andare? ______

c) Vostro figlio in questi giorni non sente bene da un orecchio. Quando gli parlate dovete ripetere due o tre volte perché non risponde. Siete preoccupati e lo portate ______

d) Da un po' di tempo avete la digestione (Verdauung) difficile. Il vostro medico vi consiglia di fare una radiografia. Da chi andate? ______

3 SOLO MEDICO?

Eines der abgebildeten Schilder weist darauf hin, daß der betreffende Arzt eine weitere Tätigkeit ausübt.

Come si chiama questo medico? ______

4 DALL'ORTOPEDICO

Schauen Sie das Schild von Professor Ungar an, und beantworten Sie folgende Fragen:

- Secondo Lei, si può andare ogni giorno da lui o è necessario prendere un appuntamento?

______

- Il Professor Ungar potrebbe lavorare insieme ad un altro medico. Quale?

______

5 DAL DOTTOR BRIZZI

Sie sind in Urlaub in Italien und haben seit einigen Tagen starke Ohrenschmerzen. Sie sehen das Schild von Dott. Brizzi, gehen in seine Praxis und melden sich bei der Sprechstundenhilfe an.

- *Sie sagen, daß Sie eine Untersuchung bräuchten, und fragen, wann der Arzt Sprechstunde hat* (ricevere).

______

- *Sie wollen wissen, was eine Untersuchung kostet.*

______

- *Sie fragen, ob Sie gleich da bleiben können, oder ob Sie lange warten müssen.*

______

- *Da Sie jetzt zu lange warten müßten, lassen Sie sich einen Termin für den Nachmittag geben.*

______

1 DOVE SI TROVANO?

Schauen Sie sich die Bilder an: Wo könnten sich die abgebildeten Häuser befinden?

Nel centro-città	In periferia o in un paese	In campagna

2 UN PALAZZO RINASCIMENTALE

Wann wurde der „palazzo rinascimentale" *gebaut?*

a) prima dell'anno 1650
b) dopo l'anno 1650
c) verso il 1870

3 LA CASA MEDITERRANEA

Schauen Sie das Bild Nr. 3 genau an. Was charakterisiert die „casa mediterranea"? *Beschreiben Sie den Haustyp mit Hilfe der angegebenen Stichwörter:*

tetto, terrazza, persiane (Fensterläden), balcone, scale, bianco, unifamiliare.

___

___

___

4 IL CONDOMINIO

Wem gehören die Wohnungen eines „condominio"?

a) al Comune che poi li affitta.
b) ad una società che poi li affitta.
c) a famiglie private che li abitano o a volte li affittano.

Was Sie noch wissen sollten: In Italien findet man häufig Häuser in verschiedenen Farben: In Pastellfarben die modernen Häuser, in Ocker, Goldgelb, Altrosa die Villen der 20er und 30er Jahre, in Grau und Sandfarbe die Renaissance-Paläste.

5 DI QUALE CASA SI PARLA?

Lesen Sie folgende Beschreibungen, und notieren Sie jeweils die Nummer des dazugehörenden Fotos.

a) Salvatore e Rosa Caruso sono arrivati in Toscana 15 anni fa. Qui sono nati due figli, così, dopo anni di lavoro, hanno deciso di comprare una casetta in un posto tranquillo per dare ai bambini la possibilità di giocare senza troppi pericoli (Gefahren). Nr. ______

b) Hans e Brigitte vogliono vivere in modo alternativo e cominciare una vita completamente diversa. Hanno comprato questa vecchia casa in Italia e, anche se hanno molti lavori da fare, sono contenti. Nr. ______

c) Il barone V. non ha abbastanza soldi per tenere la casa della sua famiglia nelle condizioni adeguate (angemessen), così l'ha affittata al Comune che adesso la usa per mostre e riunioni. Nr. ______

d) La famiglia Sansonetti abita in un paese vicino a Brindisi. La casa non è molto grande, ma ci abitano molte persone: i genitori, cinque figli, la nonna e uno zio. Nr. ______

LEZIONE 16 (S. 134)

1 DOVE SI PUÒ SCIARE IN ITALIA

a) *Finden Sie heraus, in welchen Regionen sich die folgenden Ortschaften und Gebirge befinden*

Cogne ______________________

Le Dolomiti ______________________

Cortina d'Ampezzo ______________________

Il Gran Sasso ______________________

L'Aspromonte ______________________

b) *Kennen Sie weitere Regionen, wo man Skifahren kann?*
Welche?

____

2 SCI DI FONDO

Was stimmt?

Per praticare lo sci di fondo,

a) bisogna saper sciare bene.
b) si deve pagare per usare la pista.
c) bisogna avere un paio di sci da fondo.

3 IN MONTAGNA

Schauen Sie die Piktogramme an, und vervollständigen Sie die Sätze.

1. Oggi fa brutto tempo e le piste sono chiuse. La signora Klein non vuole rimanere in albergo tutto il giorno, però non ha voglia di uscire sotto la pioggia. Allora decide ______
2. Julia, 8 anni, impara a sciare: la pista è facile, ed è proprio dietro l'albergo dove abita. Ma Julia ha sempre problemi per risalire (hinauffahren), non sa ancora usare ______
3. Il signor Schuhmacher ha sempre pensato di essere un bravo sciatore, ma adesso che si è sposato si è ritrovato sulle piste con una moglie più brava di lui. La sua ultima chance è quella di frequentare ______

4 FUNIVIE, SEGGIOVIE, SCIOVIE

1. Questi mezzi sono solo a disposizione degli sciatori?

______

2. Funzionano solo in inverno?

______

3. Quale mezzo Vi sembra più comodo: la funivia o la seggiovia? Perché?

______

4. Quando fa bel tempo, quale dei tre mezzi preferite e perché?

______

5 SCUOLA DI SCI

Sie wollen sich zu einem Skikurs anmelden, zuvor aber noch einige Auskünfte einholen.

– *Sie fragen nach dem Namen des Lehrers* (maestro).

______

– *Sie möchten auch wissen, welche Sprache er während des Unterrichts spricht.*

______

– *Sie fragen, wie viele Teilnehmer für den Kurs vorgesehen sind.*

______

– *Sie fragen nach der Dauer des Kurses.*

______

– *Sie erkundigen sich nach dem Kursbeginn (Tag und Uhrzeit).*

______

1 A BORGO ANGELI

– Che cosa annuncia il Comune di Borgo Angeli?

___

– Si tratta di una festa religiosa?

___

– Da che cosa si può capire che questa festa è diversa dalle altre due?

___

2 FESTE RELIGIOSE

– Che cosa si vuole ricordare con la rappresentazione del Venerdì Santo?

___

– E con il Presepio Vivente?

___

3 VENERDÌ SANTO A ROMAGNANO SESIA

– Quante volte c'è già stata questa rappresentazione a Romagnano Sesia?

___

– Siete arrivati a Romagnano Sesia il tre aprile per vedere la rappresentazione. Avete ancora la possibilità di vederla?

___

4 I PERSONAGGI DELLE FESTE RELIGIOSE

I personaggi delle rappresentazioni del Venerdì Santo e del Presepio Vivente sono:

a) attori di teatro.
b) persone come noi.
c) persone di gruppi folcloristici venuti da fuori.

Was Sie noch wissen sollten: In Italien ist es üblich, an bestimmten Festtagen besondere Kuchen zu essen. An Weihnachten gibt es „panettone", einen kuppelförmigen Kuchen aus lockerem Teig mit kandierten Früchten, und „panforte", einen flachen Kuchen aus festem Teig mit Mandeln, Haselnüssen und kandierten Früchten. An Ostern ißt man die „colomba", einen Kuchen in Form einer Taube. Den Kindern werden vorwiegend Schokoladeneier geschenkt.

LEZIONE 2

1 CITTÀ D'EUROPA

				7							
1	Z	U	R	I	G	O					
		2	S	T	O	C	C	A	R	D	A
		3	P	A	R	I	G	I			
4	B	E	R	L	I	N	O				
		5	V	I	E	N	N	A			
6	R	O	M	A							

2 DOV'È CARLOS?

2. È in Svizzera.
3. Abita in Francia, a Carnac.
4. Abita in Svizzera, a Zug.
5. È in Germania.
6. È in Italia, a Tropea.
7. È in Germania, a Celle.
8. È in Austria.

3 AL CAMPEGGIO

2. Mi chiamo Angelo Fantozzi, sono italiano, di Savona.
3. Mi chiamo Jutta Wegemann, sono tedesca, di Amburgo.
4. Mi chiamo Gertrud Stähli, sono svizzera, di Zug.
5. Mi chiamo Carlos Fuente, sono spagnolo, di Madrid.
6. Mi chiamo Fred Smith, sono inglese, di Oxford.

4 BUONGIORNO! ABITA QUI . . . ?

il	la	l'	kein Art.
			X
X			
	X		
	X		
X			
	X		
X			
			X
		X	
			X

5 ANGELO È ITALIANO, VERO?

1. Sì, è italiano.
2. Di Savona.
3. Carlos è spagnolo.
4. Sì, è tedesca.
5. No, Gertrud è svizzera.
6. È di Carnac.

6 COME MAI FRANCO È A MONACO?

1. Franco è a Monaco per imparare il tedesco.
2. Gertrud è a Parigi per imparare il francese.
3. Jacqueline è a Oxford per imparare l'inglese.
4. Fred è a Napoli per imparare l'italiano.

7 IN CITTÀ

1. Lei è italiano?
2. Come si chiama?
3. Di dov'è?
4. Dove abita?
5. Come mai è qui?
6. Che cosa fa in Italia?

8 IN TRENO

Gerd: *È libero questo posto?*
Gerd: *Sì, sono tedesco.*
Gerd: *Sono di Monaco.*
Gerd: *Gerd.* E tu?
Antonio: *Antonio.* Che cosa fai in Italia?
Gerd: *Sono qui per imparare l'italiano. / Studio l'italiano a Firenze.* E tu, che cosa fai?
Antonio: *Io lavoro in banca.*
Antonio: *No, grazie.*
Antonio: *Sì.* Ciao, Gerd.
Gerd: *Ciao, Antonio.*

9 VERBI

a)

S	C	S	T	A	O	N	A
E	G	R	S	O	N	O	B
I	L	A	V	O	R	O	I
A	A	B	T	U	L	A	T
M	Z	I	M	P	A	R	A
U	S	T	U	D	I	A	I
F	O	O	N	I	F	A	I

b)
1. Che cosa *fai* qui? – **Sono** qui per lavoro.
2. Come *sta*, signora?
3. Franco *studia* biologia, io *lavoro* in banca.
4. Di dove *sei?* – Di Bari, ma *abito* a Roma.
5. Ingrid *impara* l'italiano.
6. Antonella *abita* a Verona.
7. *Fuma* anche Marco? – No.

10 CHE COSA DITE?

1. Ciao, Carlo.
2. Buongiorno.
3. Arrivederci.
4. Sì, grazie./No, grazie.
5. Come si chiama, scusi?
6. Pronto?
7. Sì, prego.

LEZIONE 3

1 AL BAR

~ Signor Bauer, che cosa *prende*?
≈ *Prendo un'acqua minerale.*
~ Tu, Laura, *che cosa prendi?*
≋ *Prendo un tè.*
~ E tu, Luisa, *che cosa prendi?*
≋ *Io preferisco un caffè.*
~ Anch'io *prendo un caffè.*
Allora il signor Bauer *prende un'acqua minerale.* Laura *un tè* e noi *prendiamo un caffè.*

2 NUMERI

a)

B
13 TREDICI
4 QUATTRO
9 NOVE
17 DICIASSETTE

b)

B
3 TRE
17 DICIASSETTE
19 DICIANNOVE
14 QUATTORDICI

c)

1000 MILLE
600 SEICENTO
3000 TREMILA
400 QUATTROCENTO

d)

700 SETTECENTO
800 OTTOCENTO
2000 DUEMILA
200 DUECENTO
5000 CINQUEMILA

3 ANDIAMO IN QUESTO BAR?

1. a); 2. b); 3. c); 4. a).

4 AL CAFFÈ

Lei: Cameriere! Una birra, un tè, una coca cola e due caffè.
No, un tè e due caffè!
Un momento, vorrei anche mangiare qualcosa.
Un panino va bene.

Il cameriere: Allora, una birra, una coca cola, due tè e un caffè.
Ah sì, un tè e due caffè.
Un toast, un panino?

5 CRUCIVERBA ILLUSTRATO

1 AMARO
2 ARANCIATA
3 STRAVECCHIO
4 PASTA
5 CAPPUCCINO
6 PANINO
7 BIRRA

6 CHE COSA PREFERISCE?

1. ~ Che cosa *preferisci,* Luigi? *Un* tè o *un* caffè?
   ≈ *Un* caffè.
2. ~ Signor Pugi, che cosa *preferisce, un* cognac o *un* whisky?
   ≈ *Un* whisky, grazie.
3. ~ Franco, *preferisci una* spremuta o *un'*aranciata?
   ≈ *Una* spremuta.
4. ~ Signora, *preferisce un* amaro o *un* martini?
   ≈ *Un* amaro, grazie.

7 DOVE PREFERISCI ANDARE?

~ Stefano, *preferisci* andare in vacanza *in Francia* o *in Italia?*
≈ Io *preferisco* andare *in Italia.*
~ E Anna?
≈ Anna *preferisce* andare *in Spagna.*
~ Noi invece *preferiamo* andare *in Austria.*

8 GRUPPI DI PAROLE

1. pasta
2. Un momento!
3. Piacere!
4. ghiaccio
5. allora

9 CHE COSA DICONO?

1. ~ Carlo, *prendi un caffè?*
   ≈ No, *preferisco un'aranciata.*
2. ~ *Prendi un gelato?*
   ≈ Sì, volentieri.
3. ~ *Che cosa prendiamo?*
   ≈ Io *ho* sete. *Prendo una birra.*
4. ~ Che cosa *desidera?*
   ≈ *(Vorrei) una pizza.*
5. ~ *Che cosa preferisce,* signor Peruzzi, *un cognac o un whisky?*
   ≈ *Preferisco* un whisky, grazie.

1 AL BAR, AL CAFFÈ O ALLA GELATERIA?

a) al bar S. Ambrogio
b) al caffè Paszkowski
c) alla gelateria Gailli
d) al caffè Paszkowski
e) al bar S. Ambrogio

2 UNA BIRRA: AL BAR S. AMBROGIO O AL CAFFÈ CONCERTO PASZKOWSKI?

a)		b)	
	500 L.		1.000 L.
	900 L.		600 L.
	250 L.		*2.500 L.*
	1.650 L.		4.100 L.

Una birra al bar costa *900 L.*
Una birra al caffé concerto costa *2.500 L.*

3 SCONTRINO ALLA CASSA

Al bar S. Ambrogio

4 ABITUDINI

- Prendiamo *un caffè* al bar e poi andiamo a lavorare.
- Andiamo al bar e prendiamo *un panino.*
- Prendiamo *un aperitivo.*
- Prendiamo *un caffè* e poi *una grappa.*

LEZIONE 4

1 SEGNI CONVENZIONALI

telefono – ristorante – camera singola – camera singola con bagno o doccia – camera doppia – camera doppia con bagno o doccia

2 VERO O FALSO?

V	F
X	
X	
	X
	X
	X

3 A VERONA

≈ *Vorrei una camera doppia/a due letti per 4 giorni.*
≈ *Sì. Quanto costa?*
≈ *Con bagno quanto costa?*
≈ *Va bene.*
≈ *Sì, ecco il passaporto.*

4 TROVATE LA CITTÀ.

Lösungswort: GUBBIO

5 NUMERI

6 PREPOSIZIONI

1. della
2. dell'
3. al
4. all'
5. del
6. a

7 GLI AMICI DI FRANCO

a) – Sergio, di dove *sei?* – *Sono* di Roma.
– E voi, di dove *siete?* – Carlo ed io *siamo* di Bologna, Pietro invece è di Modena.

b) ~ Carlo, Bettina, *avete* sete?
≈ Sì, *abbiamo* sete.
~ E tu, Sergio?
≋ Sì, anch'io *ho* sete.
~ E tu, Pietro?
≋ Io no!

Come mai Pietro non *ha* sete?

8 UNA CARTOLINA

Pisa è una città molto *bella.* Anche *la pensione* dove abito è *bella* e non è *cara.* È in un posto *tranquillo, ideale* per una vacanza.

REBUS: rumorosa

9 GIULIA E PAOLO

a) G: Hai tu la chiave *della* camera?
P: Andiamo *al* ristorante qui vicino?
G: No, stasera no. Stasera andiamo *all'*hotel Cervino.
P: *All'*hotel Cervino? E dov'è?
G: È in centro, vicino *alla* chiesa. È famoso per la cucina.
P: Senti, mentre tu sei in bagno, io telefono *a* Milano.
G: Il telefono *dell'* albergo però non funziona.
P: Ah, è vero. Allora vado *al* bar Gianni. Torno subito.

b)

V	F
X	
	X
	X
	X
	X

10 UN APPARTAMENTO

L'appartamento ha una camera *grande,* una camera *piccola* e un *grande* soggiorno con *balcone.* La cucina è abbastanza *grande,* il bagno invece è *piccolo.* L'appartamento è *vicino al* centro, il posto però è *tranquillo.*

11 UNA PRENOTAZIONE

Gentili Signori,
vorrei prenotare una camera doppia con bagno ed un letto piccolo per un bambino, con pensione completa, dal 10 al 30 giugno. Quanto costa al giorno a persona?
In attesa della Vostra risposta Cordiali saluti

Zur Fotoseite

1 PER TELEFONARE

Lei va in una cabina telefonica, alla posta*, in un bar con il simbolo , alla SIP.

* In fast allen Postämtern ist ein öffentlicher Telefonapparat vorhanden.

2 CHIAMATE URBANE ED INTERURBANE

In Italia e anche in Germania.

3 AL TELEFONO

a) Questo telefono funziona con gettoni e con monete.
b) – Premere più volte il tasto
   – Restituzione

4 FATE LE DOMANDE

- Vorrei telefonare a Francoforte.
- Quanto costa un gettone?
- Qual è il prefisso per la Germania?
- Il telefono non funziona.

LEZIONE 5

1 CRUCIVERBA ILLUSTRATO

2 ROMPICAPO

1. 1
2. Mantova
3. 3
4. 4
5. 5
6. Beccaria

3 DOV'È LA FERMATA DELL'AUTOBUS?

1. È in via Carducci, accanto alla Pensione Stella.
2. È in piazza Dante, di fronte alla chiesa di San Giovanni.
3. È in via Oberdan, di fronte alla stazione.
4. È in via Mascagni, accanto all'ufficio postale.
5. È in via Mascagni, di fronte all'ufficio postale.

4 OGGI VADO AL MUSEO

Cara Jane, oggi non ho voglia *di* venire al corso. Preferisco andare *a* vedere il museo etrusco. Vorrei andare a piedi, perché ho voglia *di* camminare un po'. E poi mi piace stare fuori, in mezzo alla gente. Adesso devo andare perché è abbastanza lontano e stasera desidero andare anche al cinema. Hai voglia *di* venire? A stasera Karin

5 DOVE ABITA ANGELA?

Angela abita in *Via Settembrini 21.*

6 SEGNALI STRADALI

1. b); 2. b); 3. a).

7 C'È O È?

1. c'è – 2. è – 3. c'è – 4. è – 5. c'è; c'è; è – 6. c'è; c'è; è.

8 UN VIAGGIO A RAVENNA

Quando sei a Porta Nuova devi girare a sinistra e poi prendere la prima a destra. Lì continui sempre dritto fino al secondo incrocio, giri a sinistra in via Guaccimanni e vai dritto fino a piazza dei Caduti: la seconda strada a destra è via Guidone.

9 UN BIGLIETTO

Cara Franca, caro Mario, noi *andiamo* in centro. *Andiamo* a sentire un concerto in piazza del Duomo e *mangiamo* lì. C'è risotto per tutti. *Avete* voglia di venire? *Prendete* il tram o la metropolitana perché oggi il centro è vietato alle macchine. Se *preferite* stare a casa, in frigorifero c'è qualcosa da mangiare. *Torniamo* stasera. Ciao mamma e papà.

Zur Fotoseite

1 IL LUNGARNO

a) – Il Tevere è a Roma.
 – L'Arno è a Firenze.
b) Il Lungarno è una via.
c) No, solo in città dove c'è l'Arno.

2 LARGO: PIAZZA, STRADA O CORSO?

≈ Non è troppo *lontano,* adesso siamo *a* Largo Michele Liverani.
≈ Un Largo è *una piccola piazza.*
~ Però qui non è bello, non è un *posto* per camminare, è troppo rumoroso.
≈ Ma noi siamo qui solo *per* prendere l'autobus e andare *in* centro.

3 CORSO — VIALE

~ *C'è sempre tanta gente qui?*
~ *Siamo in una strada del centro? / Questa è una strada del centro?*
~ *Dove va la gente se cerca un posto tranquillo?*
~ *Andiamo a piedi?*

LEZIONE 6

1 UNA RICETTA

Prima infarino *la carne, poi metto il burro in una padella e faccio dorare le fettine. Aggiungo il marsala e faccio cuocere per 5 minuti. Metto sale e pepe. Servo con verdure varie.* Buon appetito e ciao.

2 CRUCIVERBA ILLUSTRATO

1						B	I	R	R	A		
2					Z	U	C	C	H	E	R	O
3					P	O	M	O	D	O	R	I
4					I	N	S	A	L	A	T	A
5			S	P	A	G	H	E	T	T	I	
6					F	U	N	G	H	I		
7						S	A	L	E			
8				P	A	T	A	T	E			
9					F	A	R	I	N	A		
10					V	I	N	O				
11	C	A	R	C	I	O	F	I	N	I		

3 PRIMA E DOPO

Manca il sale, *il tè, il marsala, il latte, l'olio, lo zucchero, il caffè, la farina.* Mancano *gli spaghetti, i funghi, le olive, i carciofini e due bicchieri.*

4 IN SALUMERIA

≈ Cotto o crudo?
≈ 2.800 lire l'etto; ma è buono.
≈ No, signora, costano 2.000 lire l'etto.
≈ Non buoni, buonissimi.
≈ In tutto, settemilaseicento lire.
≈ Grazie, duemilaquattrocento a Lei.
≈ Arrivederci.

5 AGGETTIVI

1. buono – 2. care – 3. matrimoniali – 4. grande, tranquillo – 5. austriaci – 6. fresca – 7. italiane, tedesche.

6 CHE COSA SCRIVE NEL BIGLIETTO?

mezzo chilo di pane, *un litro di latte, un etto di prosciutto, due pacchi di spaghetti, tre etti di carne macinata, tre pomodori, un chilo di arance.*

7 DOVE FA LA SPESA LA SIGNORA GINA?

La signora Gina è *al* mercato. Qui compra *la frutta* e *la verdura.* Poi va *dal* macellaio a comprare *la carne,* e poi *in* salumeria; compra *il prosciutto* e *il formaggio.* Adesso manca solo *il pane;* va *in* panetteria e poi torna *a* casa.

8 MARIA E ANTONIO FANNO LA SPESA.

preferiscono, vanno, comprano, risparmiano, costano, vanno, abitano, prendono, hanno.

9 VERBI

					3. Pl.								
3. Sing.		T	R	O	V	A		1. Sing.					
		1. Sing.			E			F					
1. Pl.		S	P	E	N	D	I	A	M	O			
		T			G			C		2. Sing.			
		O			O			C		M			
					N	3. Sing.	D	I	C	E			
3. Pl.	V	A	N	N	O			O		T			
										T			
1. Pl.				P	R	E	F	E	R	I	A	M	O

10 CHE COSA DICONO?

„Tutto è caro; bisogna *risparmiare* un po'."
„Con uno *stipendio* solo è un problema arrivare a *fine mese.*"
„Che cosa compri *di* buono?"
„Tanti *auguri* a Franco."
„Per l'onomastico di Franco vorrei preparare *un pranzo* speciale."
„Con questi prezzi mangiare la carne è un *lusso* !"

11 UNA VERA AMICA

~ Senti, Angela, ho un problema: stasera arriva un amico ed io vorrei preparare qualcosa da mangiare, ma in casa *c'è* poco. Come faccio?
≈ Ma non *ci sono* negozi lì vicino?
~ Purtroppo no e il supermercato è lontano.
~ La macchina? No, non funziona. *C'è* un autobus che va in centro ma la fermata è lontana. Non ho molto tempo.
~ Un momento, guardo in cucina. Dunque, *c'è* un po' di speck, *ci sono* quattro uova, *c'è* anche un pacco di spaghetti.
~ No, il formaggio *c'è*; *c'è* un po' di parmigiano.
≈ Allora non *ci sono* problemi. Questo basta per preparare gli spaghetti alla carbonara!
~ Uhmmm! *Sono* certamente buonissimi. Grazie, Angela, sei una vera amica.

Zur Fotoseite

1 PARLIAMO DI PASTA

V	F
X	
	X
X	
	X
	X

2 PASTA, PASTA, SEMPRE PASTA!

Bandförmig: Tagliatelle, fettuccine
Röhrenförmig: Capellini, bucatini, spaghetti, ziti, maccheroni, penne rigate, pipe rigate, cannelloni

3 RISINI, STELLINE, FARFALLE, PIPE

Questi tipi di pasta si chiamano così per la forma che hanno.

4 GLI GNOCCHI

Per fare gli gnocchi bisogna prendere *mezzo chilo di patate, 120 (centoventi) grammi di farina, un po' di sale, acqua.*

LEZIONE 7

1 CHE COSA È SUCCESSO?

Nel 1789 *c'è stata* la rivoluzione francese.
Nel 1871 Roma è *diventata* la capitale d'Italia.
Nel 1962 i Beatles *hanno avuto* un grande successo.
Nel 1967 a Londra è *nata* la minigonna.
Nel 1980 il Papa *ha visitato* la Germania.
Nel 1982 l'Italia è *diventata* campione del mondo.

2 QUANTI ANNI HANNO?

Rina è nata nel *1968*. Enrico è nato nel *1965*. (Nel 1984) Antonio ha *15 anni,* Rina *16* ed Enrico *19*.

3 CRUCIVERBA

1 FEBBRAIO
2 APRILE
3 SETTEMBRE
4 OTTOBRE
5 MARZO

(FESTA)

4 INDOVINELLO

30 giorni ha novembre con *aprile, giugno,* e *settembre,* di ventotto ce n'è uno: *febbraio,* tutti gli altri ne hanno trentuno: *gennaio, marzo, maggio, luglio, agosto, ottobre, dicembre.*

5 POSSESSIVI

1. la sua – 2. il tuo, la tua – 3. il suo – 4. il tuo, il mio.

6 ALBERTO MORAVIA

è nato, ha scritto, è diventato, ha lavorato, ha fatto, è stato, ha sposato, ha ricevuto.

7 CHI SONO?

1 REGISTA
2 IMPIEGATO
3 INFERMIERA
4 OPERAIO
5 COMMESSA
6 RAPPRESENTANTE
7 STUDENTE
8 SEGRETARIA
9 DISOCCUPATO

(STIPENDIO)

8 UN INCONTRO

Sono *andata* in centro e *ho incontrato* Giorgio . . . Chi è Giorgio? È un ragazzo simpatico che *ho conosciuto* a una festa una settimana fa . . . Come? Sì, *abbiamo fatto* una passeggiata insieme in centro, e poi *abbiamo visitato* il museo d'arte moderna . . . Come? . . . No, non *sono ritornata* a casa con lui, *ho preso* il tram perché sai com'è mio padre . . . E tu che cosa *hai fatto* oggi? Niente? *Sei stata* tutto il giorno a casa? . . . Oh, mi dispiace.

9 VERBI

1. PREFERITO
2. FATTO
3. MESSO
4. VISTO
5. AVUTO
6. LETTO
7. DETTO

(PASSATO)

10 GIOVANNI RACCONTA

sono nato, ho lasciato, sono venuto, ho trovato, ho lavorato, ho studiato, sono diventato, ho fatto.

11 LA FIGLIA NON VUOLE

a)

V	F
	X
X	
X	
	X
	X

b) Mia figlia mi lascia sempre *sola.* Dopo la morte di mio marito, nella mia vita *c'è stata* molta solitudine. Adesso ho *la possibilità* di sposare un uomo bravo e onesto, ma mia figlia non *vuole.*
Tua figlia *ha* vent' anni, non è una bambina, e non ha bisogno di un altro papà. Infatti vive *la sua* vita. Ma anche tu devi essere libera *di vivere* la tua vita! *Devi* parlare ancora con tua figlia.

Zur Fotoseite

1 LA RISPOSTA GIUSTA

Freni è il nome della persona che dirige l'istituto di bellezza.

2 DOVE DEVONO ANDARE?

1. parrucchiere
2. istituto di bellezza
3. barbiere
4. all'istituto di bellezza
5. dal barbiere

3 VERO O FALSO?

V	F
X	
	X
X	
	X

4 FATE LE DOMANDE

- Vorrei (fare) una permanente.
- Quanto costa (la permanente)?
- Devo aspettare o devo tornare più tardi?
- Torno un altro giorno.
- Quando devo tornare?

LEZIONE 8

1 CHE ORE SONO?

1 F – 2 D – 3 E – 4 C – 5 B – 6 A

2 OROLOGI

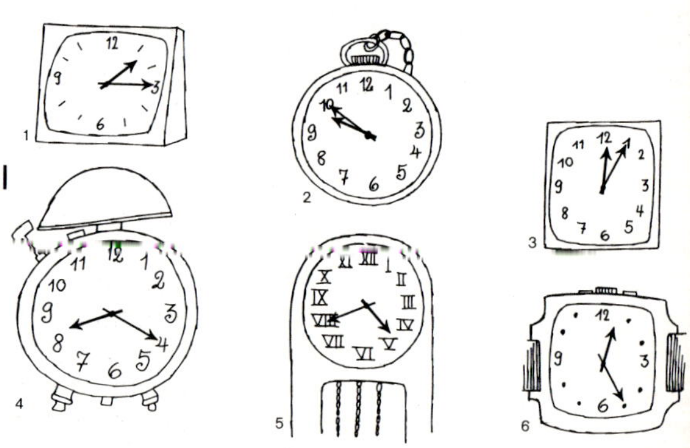

3 ORARI DI LAVORO

Io lavoro in comune. *Comincio alle otto e mezzo* e finisco a *mezzogiorno e mezzo.*

Io lavoro dalle nove fino alle otto di sera da aprile a ottobre e fino alle sette e mezzo da novembre a marzo.

Io lavoro in banca. Comincio alle otto e venti e finisco alle quattro meno un quarto.

Io vado a scuola. *Comincio alle otto e venti e finisco a mezzogiorno e mezzo. (Il pomeriggio sono libero.)*

4 LA TELEVISIONE PIACE A TANTI . . .

a)

TV 1 rai	
ore	programma
20.30	Tootsie
22.20	Coppa del Mondo

TV 2 rai	
ore	programma
21.15	concerto jazz
22.10	intervista con Milva

b)

V	F
	X
X	
X	
	X
X	

5 CARLA

una mia collega, nel *mio* reparto, casa *mia,* casa *sua, il suo* ragazzo, *mio* marito, *la sua* famiglia.

6 LA MIA SETTIMANA

Ore	Lunedì	Martedì	Mercoledì	Giovedì	Venerdì	Sabato	Domenica
9				ITALIANO			MARCIA
10		TENNIS					
11							
12							
13							
14						DA ROBERTO	
15							
16							
17			17.30 CINEMA				
18							
19	CONCERTO						
20							
21					TEATRO		

7 CARLO RACCONTA

sono stato, sono andato, è venuta, ha preferito, ho conosciuto, sono arrivate, abbiamo fatto, siamo andati, abbiamo fatto, siamo rimasti, ho accompagnato, sono tornato.

8 UNA LETTERA

Gentile signor Albertosi.
Scusi se non Le ho scritto prima, ma sono appena tornato dalla Francia. La ringrazio per la Sua cartolina da Parigi. Allora è stato in Francia anche Lei! Le devo raccontare molte cose di questo viaggio. La posso invitare a casa mia una di queste sere? Così Le faccio conoscere anche mia moglie. Se vuole, La vengo a prendere con la macchina.

9 UN INVITO

a) 3
b) *Zu 1*
Gentile signor . . . ,
La ringrazio per il Suo invito per sabato.
Sono molto contento di rivederLa e di passare la serata con Lei. A che ora può venire a prendermi?
Cordiali saluti
Zu 2:
Cara . . . ,
ho due biglietti per il circo. Sei libera sabato?
Ciao

10 COME SI CHIAMA LA TUA RAGAZZA?

A
1 IMPEGNO
2 DISPIACE
3 RISOLVERE
4 IMPORTA
5 INNAMORATO
(A: MARIA)

B
6 ORA
7 VUOI
8 PASSIAMO
9 DOMANI
(B: ROMA)

Zur Fotoseite

1 LA RISPOSTA GIUSTA

Sono fotografie di istituzioni pubbliche.

2 RISPONDETE

1. La bambina è stata all'asilo nido.
2. La mamma è andata a prendere la bambina.

3 TIPI DI SCUOLE

1. da 3 mesi a 3 anni
2. da 3 a 6 anni
3. da 6 a 11 anni
4. da 14 a 19 anni

4 ISTITUZIONE PUBBLICHE

a) comune (di Pistoia)
b) statale
c) simbolo
d) simbolo; statale

5 FATE LE DOMANDE

- Quando comincia la scuola quest'anno?
- Quante ore di lezione al giorno hanno i bambini alla scuola elementare?
- In Italia i bambini vanno a scuola anche il sabato?
- Quanti giorni di vacanza hanno i bambini per Natale?

LEZIONE 9

1 LA MATTINA IN CASA PICONE

si sveglia; si alza; si lava; si veste; fanno colazione; saluta; si ferma.

2 LA RISPOSTA GIUSTA

1. b; 2. c; 3. a; 4. a; 5. a; 6. a.

3 CHE NOIA, LA DOMENICA!

I suoi genitori; *suo* fratello, *sua* cognata; *le sue* sorelle; *i loro* ragazzi; *suo* cugino; *sua* madre; camera *sua*.

4 IL CASO MONTI

a) . . . si è preparata per uscire. Alle 6.30 ha preso l'autobus ed è andata all'ospedale a trovare uno zio. Verso le 10.30 si è fermata al bar Golia a fare colazione. Alle 11.00 è tornata a casa. Alle 12.30 è arrivato il marito. Alle 13.00 hanno mangiato insieme. Alle 15.00 ha lasciato la casa e si è incontrata con la signora Venanzio. Alle 15.30 sono andate a vedere insieme la mostra di Burri. Alle 17.30 si sono salutate.

b) Dopo un mese la polizia ha ritrovato Teresa Monti 300 km a nord della sua città, in stato di confusione mentale[1]. La polizia ha identificato la signora Monti attraverso[2] una fotografia.

[1] Im Zustand geistiger Verwirrung [2] durch

5 IN FAMIGLIA

≈ *Li* sveglio alle sette.
≈ No, non è necessario, *la* preparo io. Piuttosto, hai già fatto la spesa per domani?
~ No, *la* faccio domattina. Devo comprare anche il giornale?
≈ No, *lo* compro io. A che ora devo andare a prendere i bambini a scuola?
~ All'una. Senti, domani vedo la signora Martelli. Quando *la* invitiamo a cena?
~ Sì, *le* facciamo sabato, insieme.

6 CRUCIVERBA

1	SVEGLIA
2	OSPITE
3	CANE
4	SUOCERI
5	PROFESSORE
6	MATRIMONIO

7 UN' INTERVISTA

≈ *Sono infermiera.*
≈ *E' molto faticoso, ma mi piace.*
≈ *Mi alzo alle 5.30, perché incomincio a lavorare già alle 7.*
≈ *Mio marito si occupa dei bambini. Li sveglia, prepara la colazione e li accompagna a scuola.*
≈ *La mia vita è difficile. Mio marito ed io siamo sempre stanchi e qualche volta litighiamo, ma questo succede in tutte le famiglie.*

8 VERBI

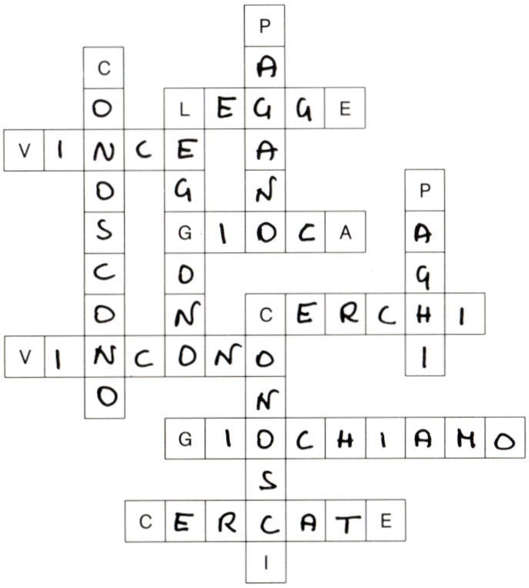

9 LA FAMIGLIA ITALIANA? HA CASA E SPENDE PIÙ DI UN MILIONE AL MESE

V	F
X	
X	
	X
	X
	X
X	

Zur Fotoseite

1 LA RUOTA DELLA VITA

a) – Nr. 2 ist eine Geburtsanzeige.
– Nr. 3 kündigt eine Hochzeit an.
– Nr. 4 spricht eine Einladung aus.

b) 1. La nascita – *die Geburt*
2. *La cresima* – die Firmung
3. *Il matrimonio* – die Trauung, die Hochzeit
4. Le nozze d'oro – *die goldene Hochzeit*
5. *La cerimonia nuziale* – die Hochzeitsfeier

2 CHI È NATO?

1. La bambina si chiama Elisa Aiazzi.
2. È nata in marzo.
3. Andrea e Carla sono i (suoi) genitori.

3 LA CRESIMA DI CRISTIANA E MANUELA

- Che cosa posso regalare alle bambine? Le conosco poco.
- A che ora comincia la cerimonia?
- In quale chiesa è?
- Vengo direttamente alla chiesa perchè conosco bene la strada.

4 UN MATRIMONIO

1. I genitori
2. No.
3. Sì.
4. (Nella chiesa della SS. Trinità), a San Salvatore di Malnate.

5 UN INVITO

Questo è un invito al pranzo nuziale al Ristorante Panoramico.

6 VERO O FALSO?

V	F
	X
X	
	X
	X

7 COME RISPONDERE?

a) 5; b) 1, 2, 3, 5; c) 2, 3, 5; d) 3; e) 2.

LEZIONE 10

1 UN' INFORMAZIONE

girate, continuate, prendete, scendete, mettete, andate.

2 I CONSIGLI DI UN AMICO

cambia, va', prendi, noleggia, prenota, prendi, telefona, chiedi, leggi.

3 LA RISPOSTA GIUSTA

1. tornate – 2. mangiare – 3. va' – 4. prenota – 5. andate – 6. prendi – 7. fa' – 8. lasciare

4 I PAESI DEL MONDO

del	B	R	A	S	I	L	E			
degli	S	T	A	T	I	U	N	I	T	I
del	B	E	L	G	I	O				
dell'	A	U	S	T	R	I	A			
della	S	V	I	Z	Z	E	R	A		
della	S	V	E	Z	I	A				

5 UNA MADRE PREMUROSA

Carlo, non *restare* a casa oggi, fuori *c'è il sole, va'* al mare con Gabriella, così *fate il bagno.*

Gabriella, vedo che non stai bene, non *uscire, fa freddo* oggi. Carlo, se vai fuori *prendi* l'ombrello perché *piove.*

6 I ROSSI CI HANNO INVITATO

~ Paolo, stasera siamo ospiti dei Rossi; che cosa *gli portiamo?*

≈ Alla signora Rossi piace molto il vino buono; perché non *le portiamo* una bottiglia di Pinot?

≈ Lui legge molto; *gli piace* soprattutto la satira politica . . .

~ Allora *gli* regaliamo il nuovo libro di Stefano Benni, „Terra".

~ Per i figli non ci sono problemi; so che *gli* piace moltissimo la musica. *Gli* possiamo regalare un disco di Lucio Dalla.

7 TI È PIACIUTO?

1. ti è piaciuto – mi è piaciuto
2. Le è piaciuta – mi è piaciuta – Le è piaciuto.
3. ti è piaciuta – mi sono piaciuti – mi sono piaciuti
4. vi è piaciuta – ci è piaciuta – ci sono piaciute

8 „DA", „FA" O „FRA"?

a) *da* tre settimane; due giorni *fa; Da* quasi una settimana;
Tre giorni *fa; da* un anno; *Fra* due o tre giorni; *da* quanto tempo;
Da 2 anni; *fra* 10 giorni; *fra* un quarto d'ora.

b)

V	F
	X
	X
X	
	X
	X
	X
X	

9 IDEE DIVERSE

1a – 2h – 3d – 4i – 5c – 6g – 7e – 8j – 9b – 10k – 11f

10 UNA PRENO TAZIONE

a) Hotel Vela: 3a categoria, si accettano i cani, vicino alla spiaggia, con parcheggio, con telefono in camera.
b) Vorrei prenotare 2 camere doppie con bagno dal 3 luglio al 21 luglio. Abbiamo bisogno anche di un posto per la macchina. Portiamo anche il cane.

Zur Fotoseite

1 TRAGHETTI

c) eine Fähre

2 COME ANDARE IN SARDEGNA

a)

Sì	No
X	
	X
	X

b) – Sardinia ferries
– Tirrenia navigazione

3 TRAGHETTI PER LA SICILIA

- Quando c'è un traghetto per la Sicilia?
- Siamo in tre e abbiamo una macchina. Quanto costa il biglietto tutto compreso?
- Quanto dura il viaggio?
- Vorrei prenotare una cabina a due letti/doppia e una ad un letto/singola.

4 NOLEGGIAMO UN PEDALÒ!

~ *Vorrei noleggiare un pedalò.*
~ *Quanto costa?*
~ *Devo pagare subito?*

5 SPIAGGIA LIBERA

V	F
	X
	X
X	
X	
	X
	X

1 ALLA STAZIONE DI FIRENZE

~ A che ora parte il prossimo treno per Siena?
≈ Alle 8.05.
~ Da quale binario?
≈ Dal binario 13.
~ Devo cambiare?
≈ No, è diretto.
~ A che ora arriva a Siena?
≈ Alle 9.49.
~ E la sera, a che ora c'è un treno per tornare?
≈ Alle 18.07 o, più tardi, alle 19.32.
~ Sono diretti tutti e due?
≈ Sì, signora.
~ Grazie, arrivederci.

2 PAROLE INCROCIATE

1 INFORMAZIONI
2 CAMBIARE
3 ARRIVO
4 TRENO
5 COINCIDENZA
6 VALIGIE
7 BINARIO
8 RITORNO
9 BAGAGLI
10 CLASSE
11 PRIMA
12 PARTENZA
13 CUCCETTA
14 RITARDO
15 STAZIONE

3 UN TRENO PER UDINE

a)

	Diretto	Espresso	Rapido
Milano p.	15.30	18.30	19.30
Mestre a.	17.15		
p.	18.15		
Udine a.	21.00	23.00	22.30

b) Lei: *Arrivo alle 23.00 con l'espresso delle 18.30.*
Lei: *C'è un diretto che arriva alle 21.00, ma devo partire da Milano alle 15.30 e poi cambiare a Mestre. Poi c'è un rapido che arriva alle 22.30, ma ha solo la prima classe.*
Lei: *Alle 23.00.*

c) ~ *Un biglietto per Udine, seconda classe.*
~ *No, solo andata. Quanto costa?*
~ *Da quale binario parte?*
~ *Grazie.*

4 SUPERLATIVI

Hanna Schygulla è l'attrice tedesca più famosa in Italia.
Roma è la città più grande d'Italia.
I TEE sono i treni rapidi più moderni delle Ferrovie dello Stato.
L'aereo è il mezzo più veloce per viaggiare.
Il treno è il mezzo più comodo per viaggiare.
L'estate è la stagione più calda dell'anno.
Il duomo di Milano è la chiesa più famosa della città.

5 IMPERATIVO

1. faccia/controlli
2. prenda/continui
3. guardi/chieda
4. aiuti
5. chieda
6. prenoti
7. parta/ascolti

6 LE RACCOMANDAZIONI DELLA MAMMA

– ... fa' il biglietto e chiedi da quale binario parte il treno.
– In treno mangia qualcosa.
– All'arrivo telefona.
– Al mare non stare troppo al sole.
– La sera non andare a letto troppo tardi.

7 A TORINO

... e lì vede *la stazione Porta Nuova*, ... ed è subito *al Mastio della Cittadella*; ... alla sua sinistra vede *la Mole Antonelliana*; ... sulla sinistra vede *il Palazzo delle Esposizioni.*

8 CRUCIVERBA

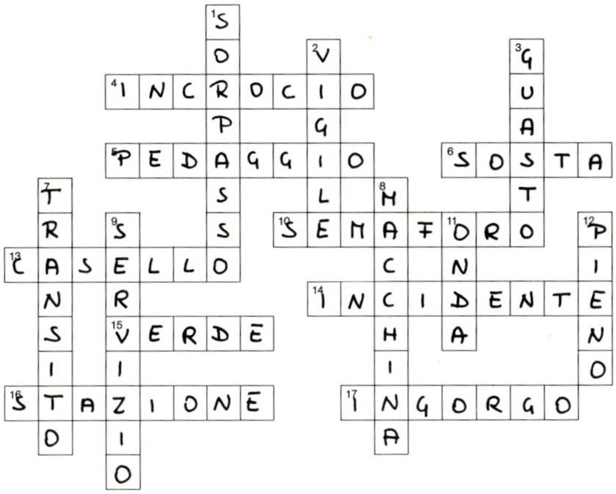

9 VERBI

B	R	A	S	A	L	G	O	N	O
V	E	L	A	S	I	S	T	S	N
I	A	D	L	C	I	M	A	S	O
L	O	L	G	E	A	I	D	C	G
A	E	D	O	L	I	S	E	E	L
S	A	L	I	T	O	A	T	G	E
D	A	N	N	O	T	U	A	L	C
T	T	O	O	M	A	I	D	I	S

Lösungswort: Bravissimo, Lei sa tutto.

10 LE FERIE DEGLI ITALIANI

Nel mese di agosto la maggior parte *degli* italiani; *in* città; *sulle* autostrade; *ai* caselli; *in* macchina; *al* mare; *in* montagna; ascoltare *alla* radio; informazioni *sulla* situazione; *Negli* alberghi *dei* luoghi turistici; *nei* campeggi; periodo *delle* ferie; *in* luglio; *nei* mesi.

Zur Fotoseite

1 SEGNALETICA

1. Questo pittogramma indica una zona dove bisogna andare a piedi.
2. Questo pittogramma indica un monumento di grande interesse.

2 CHE DIREZIONE PRENDETE?

- A destra.
- Vada dritto.
- Vada a vedere il Palazzo Medici Riccardi. Può andare anche a piedi, (perché) è qui vicino.

3 ANCORA SEGNALETICA

1. alla polizia urbana
2. alla posta
3. all'ospedale

4 VERO O FALSO?

V	F
X	
	X
X	
	X
X	

5 AURELIA

Aurelia è il nome di una strada che va da Roma a Ventimiglia ed è il nome della strada statale numero 1.

6 L'AUTOSTRADA IN ITALIA

a) L'autostrada è a pagamento solo nel Nord e nel Centro d'Italia.
b) Sull'autostrada è vietato andare a più di 140 km all'ora.
c) Il colore dei cartelli autostradali in Italia è verde.

7 DOCUMENTI, PER FAVORE!

≈ *Ecco! Ma cosa ho fatto?*
≈ *Perché, non posso andare a più di 150 km all'ora?*
≈ *Al Brennero. / A Chiasso.*
≈ *Ma ci sono macchine che vanno più veloce.*

1 CHE COSA SI FA?

1. Si va al ristorante.
2. Si offre qualcosa da bere.
3. Si prende ancora un po' di zucchero.
4. Si resta a casa.
5. Si va al cinema.
6. Si prende una camomilla.
7. Si fa un bagno.
8. Si ringrazia e si dice di sì.

2 CHIEDERE QUALCOSA

1. Mi porti un quarto di vino rosso.
2. Mi svegli alle sette e mezza.
3. Mi scusi.
4. Mi faccia il conto.
5. Mi dia un chilo di ciliegie.
6. Controlli anche l'olio.
7. Mi scriva presto e mi venga a trovare in Germania.

3 CRUCIVERBA ILLUSTRATO

1				**B**	I	C	C	H	I	E	R	E
2			C	**U**	C	C	H	I	A	I	O	
3			B	**O**	T	T	I	G	L	I	A	
4			I	**N**	S	A	L	A	T	A		
5			P	**A**	D	E	L	L	A			
6				**P**	I	A	T	T	O			
7				**P**	I	Z	Z	A				
8			P	**E**	S	C	E					
9	C	O	L	**T**	E	L	L	O				
10			B	**I**	R	R	A					
11				**T**	O	R	T	A				
12	V	I	N	**O**								

4 FANTASIA DI PAROLE

2. scaloppine al marsala
3. scaloppine di vitello
4. spaghetti al pomodoro
5. spaghetti al burro
6. bicchiere di vino
7. bicchiere d'acqua
8. bicchiere da vino
9. bicchiere da acqua
10. finocchi al burro

5 SCRABBLE

						Lui/Lei ↓		Voi ↓		Loro ↓
					Noi ↓	S		B		B
Voi →					S	A	P	E	T	E
					A			V		V
					P			E		O
			Io ↓		P		Tu ↓	T		N
Tu →			S	A	I	Io →	B	E	V	O
			O		A		E			
					M		V			
Loro →	S	A	N	N	O		I			

6 LISTA DELLE VIVANDE

Antipasti
Antipasto misto
Insalata di mare

Primi piatti
Gnocchi al burro
Risotto alla marinara
Zuppa di pesce
Tortellini alla chef
Spaghetti alla carbonara

Secondi piatti
Fritto misto
Pollo arrosto
Sogliola fritta
Scaloppine alla milanese

Contorni
Fagiolini
Insalata mista
Insalata verde

Formaggi assortiti

Frutta e dolce
Crema caramel
Frutta di stagione
Kiwi con gelato
Macedonia di frutta
Zuppa inglese

7 AL RISTORANTE

1. c, i
2. d, h
3. f, k
4. a, g
5. l, n
6. e, j
7. b, m

8 IN UN NEGOZIO DI GENERI ALIMENTARI

mezzo chilo *di* fragole; ci sono *delle* more e *dei* lamponi; *dell*'uva; tre etti *di* questi lamponi; anche *del* formaggio; un po' *di* gorgonzola; *dei* panini; un pezzo *di* pane integrale.

9 VOCABOLI

AGGETTIVI	SOSTANTIVI	VERBI
fiorentino	Firenze	
milanese	Milano	
nuovo	novità	
semplice	semplicità	
speciale	specialità	
regionale	regione	
	mancanza	mancare
	aumento	aumentare
	desiderio	desiderare
	abitudine	abituarsi
	discussione	discutere
	incontro	incontrare

VOCABOLI

Zur Fotoseite

1 PASTASCIUTTA

a) 1. spaghetti al pomodoro
   2. penne all'arrabbiata
b) Perché non sono in brodo.
c) No.
d) Sì.

2 SPECIALITÀ REGIONALI

Gli agnolotti: Piemonte
I tortelli: Lombardia
I maccheroni: Napoli
I bucatini: Roma
I malloreddus: Sardegna
I cavatieddi: Sicilia
Le trenette: Liguria
Le lasagne verdi: Marche

3 IL RIPIENO

Gli agnolotti alla piemontese, i tortelli alla lombarda e le lasagne verdi alla marchigiana.

4 SOLO SPAGHETTI, GRAZIE!

a) in una tavola calda.
b) in una pizzeria.

5 CONSIGLI PER MANGIARE GLI SPAGHETTI SENZA COLTELLO

Prenda pochi spaghetti con la forchetta, *cominci* a girare la forchetta piano piano, *porti* la forchetta con gli spaghetti alla bocca, *apra* la bocca e . . . buon appetito!

LEZIONE 13

1 COME EMETTERE ASSEGNI

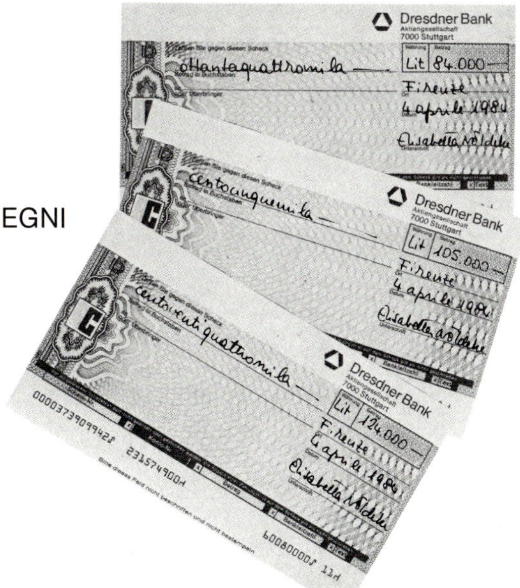

2 ALTA MODA

1 – R
2 – O
3 – B
4 – E
5 – R
6 – T
7 – A

Lösungswort:
ROBERTA
(da CAMERINO)

3 SCRABBLE

4 PRONTO, CARLA?

~ *Dove sei stata?*
~ *Con chi?*
~ *Chi è (Roberta)?*
~ *Che cosa avete fatto?*
~ *Che cosa avete comprato?*
~ *Com'è?*
~ *Da chi l'avete preso?*
~ *Quanto è costato?*
~ *Quando ci vediamo?*
~ *Sì, va bene. A domani!*

5 È NUOVO QUEL MAGLIONE?

1. ~ Ciao, Anna, è nuovo *quel* maglione? Che bello!
   ≈ Sì, l'ho comprato al mercato stamattina, a *quel* banco vicino all'edicola.
   ~ Quale?
   ≈ *Quello* dove ci sono *quei* due ragazzi simpatici . . .
   ~ Ah, sì, adesso, mi ricordo.
2. ~ Chi sono *quelle* ragazze?
   ≈ *Quella* con la gonna rossa è Patrizia, una mia collega, *quell'* altra è sua sorella.
3. ~ Guarda *quegli* stivali come sono belli!
   ≈ Quali? *Quelli* neri o *quelli* verdi?
   ~ *Quelli* verdi.

6 DOV'È RIMASTA LA VALIGIA?

1 paio di scarpe bianche
1 borsetta nera
1 paio di calze nere
1 paio di calze scozzesi
1 gonna arancione
1 gonna scozzese
1 paio di pantaloni grigi
1 paio di pantaloni bianchi
1 paio di pantaloni a quadri
1 sciarpa arancione
1 camicetta bianca
1 camicetta a righe
1 camicetta a quadri
1 maglione nero
1 maglione grigio
1 una copia di „buongiorno!"

7 IN UN NEGOZIO DI MODA

≈ *Vorrei provare i pantaloni rossi di velluto a coste che sono in vetrina.*
≈ *Dov'è la cabina?*
≈ *Mi sembrano un po' troppo stretti. Vorrei provare una taglia più grande.*
≈ *Com'è il verde? Chiaro o scuro?*
≈ *Questi pantaloni mi vanno bene, ma quelli rossi mi piacciono di più.*
≈ *No, grazie, non importa.*

8 I SALDI, CHE PIACERE!

un paio *di* pantaloni; abiti *da* uomo e *da* donna; una gonna *da* 30.000 lire; un cappotto *di* lana *da* 70.000 lire; un paio *di* pantaloni *di* cotone *da* 25.000 lire; sono *di* buona qualità; borsa *da* viaggio; *Da* molto tempo; „*Da* Franco"; mezzo litro *di* vino rosso; una bottiglia *d'*acqua minerale; porta subito *da* bere; *dal* centro; parte *dalla* stazione; contenta *della* sua giornata; qualcosa *di* bello.

9 QUESTO O QUELLO?

~ Ti piace *quest'*ombrello?
≈ Sì, ma *quello* a quadri è più bello.
~ Ma è anche più caro!
≈ Non importa, se ti *piace* di più, compralo!

~ Ti *piacciono queste* scarpe?
≈ Sì, ma preferisco *quelle* lì; sono più eleganti.
~ Sì, ma sono anche più care!
≈ Non importa, se ti *piacciono* di più, *comprale!*

~ Ti *piacciono questi* occhiali da sole?
≈ Sì, ma preferisco *quelli* perché ti stanno meglio.
~ Lo so, ma sono anche più cari!
≈ Non importa, *comprali,* domani non pensi più ai soldi!

10 ISTRUZIONI DA SEGUIRE

Faccia pulire a secco questo prodotto o *lo lavi* a mano a 30°. Non *lo metta* al sole o vicino al riscaldamento. Se necessario, *lo stiri* con ferro tiepido.

11 DIVISA NUOVA PER LE VIGILESSE ROMANE

b) la vigilessa – la donna vigile
il comune – la città
realizzare – fare
il giubbotto – la giacca
ideare – progettare, inventare
estivo – aggettivo di: estate (giugno, luglio, agosto)
invernale – aggettivo di: inverno (dicembre, gennaio, febbraio)
la pelle – il cuoio

c)

Sì	No
	X
X	
	X
	X
X	

Zur Fotoseite

1 ALLA BOUTIQUE DELLA SPOSA

≈ *La mia amica vorrebbe un vestito, ma non ha ancora un'idea precisa. Vorrebbe vedere diversi modelli.*
≈ *La mia amica dice che i pantaloni sono forse troppo sportivi.*
≈ *La mia amica preferisce però un vestito.*
≈ *Secondo la mia amica/lei il bianco è il colore ideale per un abito da sposa.*
≈ *La mia amica preferisce il bianco, anche se non è moderno: è più romantico.*
≈ *In Germania ha la 38, in Italia/qui, forse, la 42.*

2 UN NEGOZIO DI BIANCHERIA

Una tovaglia, un pigiama e delle lenzuola.

3 SARTORIA E CONFEZIONI

a) Abiti da uomo.
b) Perché lì fanno abiti su misura.

4 I VENDITORI AMBULANTI

1. Al mercato e per la strada.
2. No, anche da donna.
3. È di pura lana.
4. Occhiali da sole.
5. Perché la roba costa meno.

LEZIONE 14

1 CHI È?

1	CAPELLI
2	PIEDI
3	NASO
4	MANO
5	BRACCIO
6	BOCCA
7	ORECCHIO
8	OCCHIO
9	COLLO

(PINOCCHIO)

2 PARTIAMO PER LE VACANZE

a) l'ho controllato.
b) non le ho prese
c) li ho cambiati
d) l'ho presa
e) li ho comprati
f) non l'ho salutato

3 LETTERA AD UN'AMICA

tornerebbe; preferirei; vorrei; piacerebbe; avrebbe; farebbe; potrebbe; potremmo.

4 AL TUO POSTO . . .

Ho vinto al lotto! Che cosa faccio con tutti questi soldi?
Al tuo posto *comprerei* una bella macchina!
smetterei di lavorare!
farei un viaggio lunghissimo!
metterei i soldi in banca!
aprirei un negozio di moda!
regalerei/darei una parte dei soldi all'Unesco!

5 PARLIAMO DI SALUTE

a) La natura *la* produce
Tu *la* puoi trovare in Cebion.
La vitamina C è quella vitamina che l'organismo umano non può produrre da solo. Ma noi *ne* abbiamo bisogno, e la nostra alimentazione non sempre *ne* contiene abbastanza. Allora la vitamina C *la* trovi in Cebion. Cebion è vitamina pura. Anche il tuo organismo *ne* può avere bisogno. Cebion compresse, granulato all'arancia e gocce per bambini.

b)
- ● *Sì, ne ha bisogno.*
- ● *No, non la produce.*
- ● *No, non ne è ricca.*

6 NE, NIENTE, NESSUNO

1. Sì, *ne* ho *tre.*
2. No, *non voglio* mangiare *niente.*
3. Sì, sono belle davvero. *Ne* prendo *un chilo.*
4. No, *non* è venuto *nessuno.*
5. Sì, questo sciroppo è buonissimo. *Ne prenda un cucchiaino* dopo i pasti.
6. No, *non ho visto niente.*

7 AGGETTIVO O AVVERBIO?

1. leggermente; 2. completa; 3. leggero; 4. probabilmente; 5. tranquillo; 6. probabile; 7. completamente; 8. tranquillamente.

8 LA PAROLA CHE NON VA

1. ospedale 2. salute 3. fumo 4. unico 5. bambola
Lösungswort: S A U N A

9 LEGGERE E CAPIRE

1. Nr. 1, 2 e 4
2. Nr. 3
3. Nr. 4
4. Nr. 1

10 CREPEREIA

a)

V	F
X	
X	
	X
	X

b) Quasi tutti i bambini ne hanno una: *bambola*
Quello che rimane di una persona morta: *resti*
Si va a vedere perchè è interessante: *mostra*
Li mettono le donne: *gioielli*
Insieme di persone: *gente*
Si riceve sempre volentieri: *regalo*
Si chiama così una donna che si sposa: *sposa*
Il contrario della morte: *vita*

Zur Fotoseite

1 MEDICI SPECIALISTI

1. c); 2. d); 3. b); 4. a).

2 DA CHI ANDARE?

a) Dall'oculista.
b) Dall'ortopedico.
c) Dall'otorinolaringoiatra.
d) Dal radiologo.

3 SOLO MEDICO?

È il Prof. Artifoni.

4 DALL'ORTOPEDICO

- Si può andare ogni giorno.
- Potrebbe lavorare insieme al Dott. Mayer, radiologo.

5 DAL DOTTOR BRIZZI

- Avrei bisogno di una visita. Quando riceve il dottore?
- Quanto costa una visita?
- Posso restare qui subito o devo aspettare molto?
- Mi può dare un appuntamento per oggi pomeriggio?

LEZIONE 15

1 UN ANNUNCIO IMPORTANTE

AFFITTASI bella camera ben arredata, zona tranquilla, uso servizi e cucina, balcone, riscaldamento luce acqua compresi. L. 150.000 mensili.

2 È TUTTO BELLO

1. belle; 2. bel; 3. bell'; 4. bei; 5. begli; 6. bello.

3 L'APPARTAMENTO NUOVO

Cara Luisa; nostro *nuovo* appartamento; una soluzione *ideale;* una zona *tranquilla;* una *bella* strada *elegante;* una casa *moderna;* al *quinto* piano; una vista *meravigliosa;* un *bel* soggiorno; un *piccolo* studio; un balcone *molto grande;* le serate *calde;* una famiglia *inglese;* due bambini *simpaticissimi;* dei *bei* negozi; L'*unico* problema; mi costa *molto* tempo; con un *forte* abbraccio.

4 TUTTO SULLA CASA

1. giardino
2. pavimento
3. cassetto
4. balcone
5. armadio
6. scale
7. tende
8. garage
9. primo piano
10. finestra
11. bagno
12. porta
13. angolo pranzo

Lösungswort: RISCALDAMENTO

5 DOVE SI TROVANO?

1. ≈ Dunque, là, in fondo, c'è una macelleria e l'agenzia è proprio *lì accanto.*
2. ≈ Certo. Lei adesso vada *dritto,* poi prenda *la prima strada a destra* ed è in piazza S. Babila. Il mercato si trova *dietro la* chiesa.
3. ≈ Può prendere il 18. La fermata è *davanti al cinema.*
4. ≈ Ma dai, l'albergo non è *lontano, è a 500 metri dalla* stazione.
5. ≈ *È sopra, al primo piano.* Fa le pulizie.
6. ≈ Sì, è *sotto il letto.*
7. ≈ Sì, c'è il bar Amalfi *accanto al* museo, e poi c'è il caffè Rinaldi *vicino alla* stazione.

6 USO DEL VOCABOLARIO

Casa
1. Haus
2. Wohnung

Soggiorno
1. Aufenthalt
2. Wohnzimmer

Studio
1. Studium
2. Arbeitszimmer

Quadro
1. Viereck
2. Bild, Gemälde

7 UN CONSIGLIO

2. Dovreste comprarvi una casa.
3. Dovresti farle un regalo.
4. Dovrebbero alzarsi prima.
5. Dovresti andarlo a trovare.
6. Dovresti scrivergli una cartolina.
7. Dovresti mangiarne ancora un po'.

8 VERBI

P	R	E	F	E	R	I	S	C	O
A	■	L	A	S	C	I	O	E	D
R	R	A	C	C	■	S	O	R	I
T	I	V	C	O	N	O	S	C	O
O	C	O	I	V	E	N	G	O	V
B	E	V	O	E	D	O	R	M	O
■	V	A	■	D	I	D	E	E	G
H	O	D	D	O	C	E	S	T	L
■	P	O	S	S	O	V	T	T	I
R	I	M	A	N	G	O	O	O	O

9 SE SI VUOLE ...

2. Se si deve risparmiare, si prende in affitto un appartamento che costa poco.
3. Se non si ha il telefono, si perdono i contatti con gli amici.
4. Se si ama la vita semplice, si preferisce vivere in campagna.
5. Se si vuole comprare una casa, si devono avere molti soldi.
6. Se si è senza macchina, si preferisce abitare vicino al centro.
7. Se si hanno mobili antichi, si deve prendere una casa grande.

10 VOCABOLI

							B	A	S	S	O						
							R		P								
						R	U	M	O	R	O	S	O				
					L		T		R			O			G		
					O		T		C	O	T	T	O		R		
			L	U	N	G	O		O			T			A		
			I		T			D		G	I	O	V	A	N	E	
			B		A			A					E		D		
			E		N	U	O	V	O		M		L	I	E	T	O
A	P	E	R	T	O			A		V	E	R	O			U	
	O		O					N			N		C	O	R	T	O
	C					U	L	T	I	M	O		E			T	
	O							I								O	

11 ANNUNCI

2. Vendita alloggi: 1; 2; 6 – Offerte affitto: 3; 4; 5
3. Appartamenti: 1; 3; 4; 5 – Case: 2; 6
4. a) 4 und 5
   b) Annuncio Nr. 4
   1. Quanto costa per il mese di luglio (giugno/settembre)?
   2. Si può aggiungere un posto letto?
   3. È vicino al mare?
   4. È in un posto tranquillo?
   5. Ci può mandare un dépliant?

Zur Fotoseite

1 DOVE SI TROVANO?

Nel centro-città

- palazzo rinascimentale
- villa stile anni '30

In periferia o in un paese

- casa mediterranea
- condominio
- villette a schiera

In campagna

- casa colonica

2 UN PALAZZO RINASCIMENTALE

a) prima dell'anno 1650 (si tratta del palazzo Bartolini-Salimbeni, a Firenze, costruito nel 1520).

3 LA CASA MEDITERRANEA

La casa mediterranea ha una terrazza sul tetto, balconi alle finestre, scale davanti alla porta d'ingresso, è bianca e quasi sempre unifamiliare.

4 IL CONDOMINIO

c) a famiglie private che li abitano o a volte li affittano.

5 DI QUALE CASA SI PARLA?

a) Nr. 6; b) Nr. 1; c) Nr. 2; d) Nr. 3.

1 PER FORTUNA C'È IL CALCIO.

tutte le sere; *tutte le* mattine; *tutti i* giorni; *tutti i* semafori; *tutti gli* incroci; *tutte le* giornate; *tutto lo* sport; *tutto il* tempo; *tutta la* settimana; *tutte le* domeniche; *tutti i* giocatori; *tutti i* colleghi.

2 DOMINO

1 – 4 – 5 – 6
1 – 4 – 9 – 10 – 5 – 6
2 – 7 – 9 – 10
3 – 7 – 9 – 8

3 PIÙ O MENO?

1. I jeans *sono più lunghi dei* pantaloni.
2. Il vocabolario d'italiano è *meno caro del* vocabolario di tedesco.
3. La Fiat Uno è *meno veloce della* Ferrari.
4. L'appartamento della famiglia Rossi è *più piccolo dell'*appartamento della famiglia Verdi.
5. Il signor Martini è *più vecchio della* signora Martini.
6. Il grattacielo è *più alto della* chiesa.

4 QUALCHE, QUALCUNO, QUALCOSA?

1. *Qualche* minuto fa; *qualcuno* che conosciamo; *qualche* amico; regalarle *qualcosa; qualcosa* di carino.
2. *qualcosa* di interessante; *qualche* palazzo antico; chiediamo a *qualcuno.*
3. *qualcosa* di buono; Da *qualche* giorno; *qualcosa* di diverso; *qualcosa* di meglio; *qualcuno* dovrebbe aiutarti; cercare *qualcuno.*

5 SPORT

			V									
			E						J		S	
			L						O		C	
		P	A	T	T	I	N	A	G	G	I	O
				E			U		G			
				N			O		I			
				N			T		N			
M	A	R	C	I	A		O		G	O	L	F
				S								

6 „DI" O „DA"?

qualcosa *da* mangiare; qualcosa *di* buono; mezz'ora *da* aspettare; molto *da* fare; mal *di* testa; finito *di* lavorare; *dal* dottore; bisogno *di* riposo; niente *di* interessante *da* vedere; qualcosa *di* caldo *da* bere; un bicchiere *di* latte caldo.

7 UNA CARTOLINA DALLE VACANZE

1. Liguria
2. Calabria
3. Piemonte
4. Sicilia
5. Trentino - Alto Adige
6. Toscana

8 A ME IL CALCIO PIACE TANTO.

1. ~ A me il calcio piace tanto. E *a te?*
   ≈ No, io preferisco il ciclismo.
2. ~ Anna, vieni al mare *con noi* domani?
   ≈ Mi dispiace, ma domani arriva mio fratello e vorrei stare un po' *con lui.*
3. ~ *Secondo te* chi vince oggi, la Roma o la Juventus?
   ≈ *Secondo me* fanno 0:0.
4. ~ Ieri ho visto Silvia con il suo ragazzo. Lui mi sembra molto più giovane *di lei.*
   ≈ Sì, ma in realtà lei ha solo due anni più *di lui.*
5. ~ Allora, come facciamo stasera? Venite voi *da me* o vengo io *da voi?*
   ≈ Vieni tu *da noi,* i nostri genitori stasera non ci sono, così possiamo ascoltare tutti i dischi che vogliamo.
6. ~ Dove sono Carlo e Francesca?
   ≈ Hanno telefonato e hanno detto che non possono venire. Pazienza, andiamo *senza di loro.*

9 NUOVI SPORT

V	F
X	
	X
	X
X	
	X
X	

Zur Fotoseite

1 DOVE SI PUÒ SCIARE IN ITALIA

a) Cogne – Val d'Aosta
le Dolomiti – Trentino-Alto Adige
Cortina d'Ampezzo – Veneto
Il Gran Sasso – Abruzzo
L'Aspromonte – Calabria
b) Piemonte, Lombardia, Friuli-Venezia Giulia, Toscana, Lazio.

2 SCI DI FONDO

c) bisogna avere un paio di sci da fondo.

3 IN MONTAGNA

1. di andare in piscina.
2. la sciovia.
3. una scuola di sci.

4 FUNIVIE, SEGGIOVIE, SCIOVIE

1. No, anche dei turisti che non sciano.
2. No, molte funivie e seggiovie funzionano tutto l'anno.
3. La funivia, perché è chiusa e non c'è freddo.
4. La seggiovia, perché è comoda e si è più a contatto con la natura.

5 SCUOLA DI SCI

- Come si chiama il maestro?
- Che lingua parla durante la lezione?
- Quante persone sono previste per il corso?
- Quanto dura (il corso)?
- Quando comincia e a che ora?

LEZIONE 17

1 PERCHÉ LA CAMPAGNA?

più semplice vivere da solo *che* con altra gente; vivere in campagna è più bello *che* vivere in città; La vita qui è più tranquilla *che* a Roma; mi piacciono di più *del* rumore e *del* traffico; Mi piacerebbe senz'altro di più uscire *che* restare a casa; più intelligente leggere *che* guardare la televisione; I libri sono più interessanti *dei* giornali o *delle* riviste; fa molto meglio *che* andare in macchina; La montagna mi piace di più *del* mare; è meglio fare delle passeggiate nei boschi *che* stare tutto il giorno in spiaggia.

2 I BAMBINI FANNO SEMPRE TANTE DOMANDE!

≈ No, adesso non ci vado più, ma quando *ero* giovane come tua madre, *ci andavo* tutte le domeniche.
≈ No, adesso sto quasi sempre in casa. Quando *ero* più giovane però, *uscivo* spesso a fare delle passeggiate.
≈ Perché il nonno è morto. Quando *c'era* lui, *facevamo* tante cose insieme.
≈ Adesso non gioco più, ma quando *ero* piccola come te, *giocavo* tutti i giorni con i miei amici.
≈ No, adesso ne ho pochi, prima *ne avevo* tanti.

3 GLI ANTICHI ROMANI

avevano; si alzavano; si occupavano; facevano; andavano; avevano; andavano; offriva; ritornavano; mangiavano; seguiva; lavoravano; mangiavano; era; c'erano; organizzavano; era; erano; aveva.

4 SCRABBLE

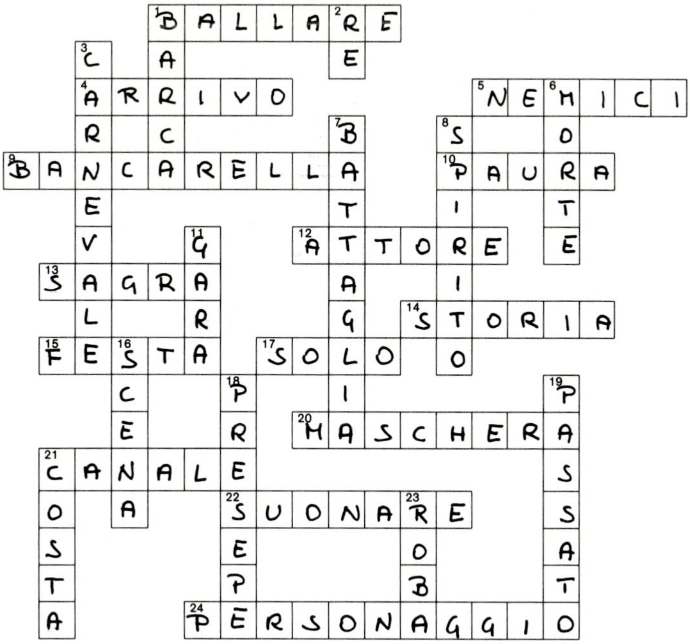

5 UNA TRADIZIONE DIVENTA REALTÀ

a)

V	F
	X
	X
X	
X	
	X

b)

	Luogo della scena	Personaggi
1. Taverna	un paese in un giorno di festa	abitanti del paese e stranieri
2. Annuncio	prati	pastori con le loro greggi
3. Natività	una stalla	Gesù Giuseppe Maria

6 CRUCIVERBA

	8
1	R A P **P** R E S E N T A Z I O N E
2	V I T **A**
3	N A **S** C I T A
4	M O R **T** E
5	R I C **O** R D O
6	A R **R** I V O
7	P R E V **I** S I O N E

Zur Fotoseite

1 A BORGO ANGELI

- La sagra di S. Pietro.
- No.
- Dal programma: ci sono mostre, spettacoli, sport ecc.

2 FESTE RELIGIOSE

- Si vuole ricordare la passione di Cristo.
- La nascita di Gesù.

3 VENERDÌ SANTO A ROMAGNANO SESIA

- 241 volte.
- Sì, il 4 aprile.

4 I PERSONAGGI DELLE FESTE RELIGIOSE

I personaggi delle rappresentazioni del Venerdì Santo e del Presepio Vivente sono persone come noi.

Quellennachweis

Fotos:
Andrea Aiazzi, Pistoia: 52,1–4; 58,1,2,3; 64,2 – Anthony Verlag, Starnberg: (Bogner) 10,2; (Schaper) 10,3; (Reinhold) 10,4; (H. Schmied) 13,1; (H. Kunert) 13,3 – Gaetano Barone, Firenze: 22,1–3; 29; 35,1–6; 40,2,4; 50,1–3; 74,1,3,4; 78; 85,1; 86,3–5; 106,1,2,3,5; 114; 125,1–3; 126,4,6 – Bildarchiv Preußischer Kulturbesitz, Berlin: 44,1,2 – dpa, Frankfurt: 44,3,5,6 – dpa-Bildbüro, Stuttgart Vert: 46 – Ralph Grimmel, Stuttgart: 51,1–6 – Dr. Barbara Huter, Stuttgart: 10,5; 102,1,2; 112,1,2; 48 – Gerd Maier, Stuttgart: 13,2; 58,4; 74,2; 85,2 – Arnoldo Mondadori, Milano (Grazia, Fendi): 105,1,2 – Emilio Montini, Mühlacker: 147 – Giovanna Mungai-Maier, Stuttgart: 10,1; 40,1; 106,4; 125,4 – Elisabetta Nöldeke, Metzingen: 55,1 – Ullstein, Berlin: 13,4 – Studio X, Limours: 133,1 – Süddeutscher Verlag, München: 44,4

Realien:
Associati, S.r.l., Milano: 94, 95 – Azienda Autonoma di Soggiorno, Ravenna: 34 – Bracco, Milano: 110 – Bruno Brizzi, Roma: 137 – COALCE, Cervia: 73 – E.P.T., L'Aquila: 139 (Una tradizione diventa realtà); 141,3 – E.P.T., Torino: 82 – Gebhardt und Lorenz, Korntal: 43 – Dr. Barbara Huter, Stuttgart: 64,1,3,4,5 – Arnoldo Mondadori, Milano: 105 (Gucci e Fendi vestono le vigilesse di Roma aus: Grazia); 133 („Con la vela sul sale", „Fino all'ultimo respiro", beide aus: Panorama) – Pazzaglia, Milano: 110 (Zeichnung der Natur) – La Repubblica, Roma: 66 (La famiglia italiana? Ha casa e spende più di un milione al mese)
Piktogramme:
ERCO Leuchten, Lüdenscheid: 134,1–6

Umschlagfoto (Roma, Piazza Navona): Giancarlo Gasponi, Roma – 2. und 3. Umschlagseite (Straßentheater vor der Kirche S. Croce, Firenze): Harald Mante, Dortmund (aus: Toscana Umbrien, Bucher Verlag München)